大相撲の不思議3

内館牧子

潮新書
059

潮出版社

まえがき

もしも、「大相撲」に出会わなければ、私の人生はまったく別のものになっていた。断言できる。

二〇二二年に出した『大相撲の不思議2』の「まえがき」で触れたが、私は幼稚園を半年で強制退園させられている。一人ではボタンもとめられず、トイレにも行けない。団体行動はおびえてできず、他の子がいるとお弁当も食べられない。だから、昼食時間は毎日、うつむいて座っている。一切しゃべらず、笑わず、友達は一人もいなかった。園児ばかりか、先生からもいじめられ続けた。一クラス六〇人もいた団塊《だんかい》世代であり、先生にしてもこんな世話のかかる子は迷惑だったのだ。

そんな私を、いつも助けてくれたのは金井君という、体の大きな四歳だった。あの時にたぶん、「体の大きな人は私をいじめない」と思ったのではないか。その証拠に、退園後は大相撲と力士に夢中になった。当時の四歳は平仮名《ひらがな》さえ読めないし、書けないのが普通だ。だが、私は大相撲の新聞記事を読みたくて、父から文字を習って、拾い読みする。紙力士を作って「牧子場所」の番付を作り、星取り表をつける。

　大相撲の一人遊びに打ち込んでいた私は、小学校に入った時には「鏡里《かがみさと》」とか「吉葉《よしば》山《やま》」とか難しい漢字もサラサラと読めるし、書ける。「七勝八敗」とか「一三勝二敗」とか一五までの数字は暗算である。昭和二十年代は文字も計算も、小学校に入ってから習うものだった。小学校に入るや担任は驚き、みんなの前で「内館さんに負けないように頑張ろうね」とほめてくれた。グズで役立たずで幼稚園までやめさせられた幼女は、初めて他人の前で他人にほめられたのである。この一回の成功体験が、私をすっかり明るい元気な子にしてしまった。

　私は小・中・高の時代には取組みノートをつけ、蔵前《くらまえ》国技館に行く前日は嬉しくて眠れなかった。会社に勤めてからは、昼休みに力士のスクラップ帳を作り、有給休暇の大半は大相撲に使った。大阪・名古屋・九州はもとより、花相撲から朝稽古《げいこ》まで通う。世界がプレスリーやビートルズに沸《わ》き返っていても、私には何の関心もなかった。

　これは実はとても簡単なことで、彼ら彼女らがビートルズを好きなように、私は大相撲が好きなのである。彼ら彼女らが深夜まで夢中で欧米の音楽を聴くように、私は朝早くから国技館に行く。両者とも、今でいう「推《お》し」の対象が違うだけのことだ。あの頃は子供も若い人も、教わらなくても「多様性」ということをわかっていたのかもしれない。私が仲間外れにされたとか、変人扱いされたとかはまったく記憶にない。コンサートに誘わないのは暗黙の了解で、仲間外れではないのだ。

今から四、五年前のことだが、ある母親が「人生相談」に投稿していた。十四歳の一人息子がインドにハマってしまい、インダス文明から仏教美術、インド史、カーストに至るまで夢中で調べ、本を読む。必ずインドに行くからとお金を貯め、友達づきあいはほとんどしない。むろん、学校の勉強どころではなく、母親はそれを非常に案じていた。インドに詳しくても、いい高校、大学に入れまいし、息子の将来が不安だという。

もっともなことだと思う。私は大相撲一辺倒だった自分を思うと、根拠はないのだが、不思議な思いにとらわれることがある。

「運」は努力で招《まね》くことはできない。これは私自身の考え方であり、異を唱《とな》える人は多いだろう。実際、努力をすれば、必ず幸運の女神が微笑《ほほえ》むなどと、よく言う。だが、運というものは、人間にとってはどうにもできないもので、どこからいつ来るのかわからない。来ないかもしれず、努力などで人間が制御できるものではないように思う。「運がなかった」ということは確かに起こる。「運が悪かった」ということもだ。いずれも巡《めぐ》りあわせであり、予測不能ななりゆきである。人間の力が及ぶものではあるまい。

であればこそ、自分が好きでたまらない何かに損得抜きで、将来役に立つかなどを考えずに、誰が何と言おうと力を注《そそ》ぐ。それが人生をときめかせ。楽しくすることだけは確かだ。運は制御不能なものであっても、何年、何十年も損得抜きで入れこんだものは、体の一部になっている。何の役にも立たなかろうが、他人には負けない知識であり、視点だ。そして運の方から、それに近寄って来ることがある。私は自分のこれまでを思うと、ポイントポイントで、運の方から近寄って来てくれたとしか思えないのである。

その「運」はほとんどすべてと言っていいほど、大相撲による。

いつかこれを武器にしよう、役に立てよう、お金にしようという野心ではなく、ただただ好きだった。インドであれ何であれ、それを頑として保つことは、時代の運と巡りあうこともある。

今にして思えば、私が不出来なもてあまし園児で、強制退園させられなければ、大相撲との出会いはなかった。大相撲による一回だけの「成功体験」が私を変えた。世の流れと違おうが、「推し」は私の救いであり、輝く玉だった。

本来、「推し」は役に立てようとか、何かに有利になると計算してやるものではない。「好き」というその一点なのだ。他人はとやかく言えない範疇《はんちゅう》なのである。

今、テレビ朝日系で「博士ちゃん」という番組がある。小学生中心の子供たちが毎週出演し、自分の頑として譲れない推しへの知識を披露する。それは「戦国武将」から「エジプト」「昭和歌謡」「城」「仏像」「伊勢神宮」等々に至るまで、生半可な知識ではない。子供博士の博識と見識には圧倒される。幾らでも勉強したいし、幾らでも吸収できるのだ。先の人生相談のように、心配する親、教師もいよう。だが、子供からこれを取りあげて、学校の勉強だけにして、平均値を望むことは貧しすぎないか。

私の脚本家デビューは四十歳だった。それまで実績もない上、四十歳にもなる新人。誰もがこの一作で消えると思って不思議はない。その後、ピンチヒッターで急きょ起用されてヒットにつながることはあった。

だが、脚本家としての私を大きく変えたのは、デビュー三年後の「千代の富士物語」（フジテレビ系）だった。ディレクターが私の相撲好きをどこかで耳にし、脚本を依頼されたのだ。もう「お任せください！」である。大相撲と船の進水式の手順なら、私ほど詳しい脚本家はまずいまいと自負していた。（進水式は三菱重工業横浜造船所に一三年半も勤めていた

からだ）

「千代の富士物語」を書くことは、楽しくて楽しくてどんどん書ける。すると、放送中に千代の富士がまさかの引退。視聴率がグンと上がってしまった。

ほどなく、ＮＨＫから朝の「連続テレビ小説」の依頼が来た。これが大相撲をテーマにした「ひらり」である。「千代の富士物語」の高視聴率もあり、「内館さんは相撲に少々うるさい」と思われていると聞いてはいた。そして、ＮＨＫのスタッフは「千代の富士物語」を見ていたのだと思う。さらに、時代は若貴ブームの真っ最中だった。

「内館さんのように、相撲好きのヒロインを書きませんか」

本当にＮＨＫの方《ほう》から、こう言われた。私から「相撲少女が書きたい」などとは一切言っていない。この想像もしない申し出に、私は三ツ指をついてお受けしてしまった。

朝の「連続テレビ小説」は「作家殺し」と言われるほど過酷なスケジュールだと聞いていた。だが、四歳から相撲オタク、何しろ初恋は横綱鏡里である。作家殺しどころか、執筆中に国技館に通える余裕。若貴ブームのおかげで、最高視聴率は四二・九パーセントを叩き出した。

この時、私は職業欄に「脚本家」と書くことを許された気がした。それまであまりにおこがましくて「自由業」と書いていた。

そして平成十二（二〇〇〇）年、絶対に起こりえないことが起きた。女性初の横綱審議委員に任命されたのである。相撲史も少しは独学していたため、女性委員はありえないとわかっていた。当時の時津風《ときつかぜ》理事長（元大関豊山《ゆたかやま》）でなければ、初の女性登用という英断はできなかったのではないか。何という巡り合わせか。理事長の言葉を今も覚えている。

「大相撲を損得抜きでずっと好きで、詳しくて、自分の考えを持っている人。そういう人になって欲しかったんです」

内気な相撲幼女が、横綱審議委員に任命される日が来ようとは、絶対に考えられない。ここでも運と巡り合わせたのである。

委員会では思うこと言う私を、好まない親方衆がいることは十分に感じていた。私とて嫌われたくはないが、お飾りになるのはもっとイヤだ。わずか一〇年の任期、思った通りを言おう。「土俵で相撲を取ったこともない女が」の噂を耳にした時は、「ここにいる男性委員も誰も土俵で相撲を取ってませんよ」と言い返したのだから、それは嫌われる。

任期中、土俵の女人禁制は男女不平等だという嵐が吹き荒れた。女性知事や女性政治家、フェミニズムの学者たちを中心に、それは大きなうねりになって行った。

彼女たちの言い分に、少なくとも私は納得できなかった。自国の伝統文化を「二十一世紀の世界標準にあわせよ」と言う女性識者の言い分に、日本の伝統文化は悲しいと思った。同時に、私自身がオタクを脱して、学問として大相撲を学ぶ必要を感じた。誰に頼まれたわけでもなく、私には何の利益もないのに、東北大学大学院の宗教学を受験した。大相撲の宗教性を研究することで、何かが見えないかと思ったのである。首尾よく合格し、五十四歳で脂《あぶら》が乗っている仕事をやめて、仙台に居を移した。私は気負って論文を書いたが、土俵の男女不平等運動はいつの間にか尻つぼみになっていた。驚くより「こんなものか」と嗤《わら》った。

大学院は、四歳からの大相撲歴の集大成だった。最高、最良の決断だった。

今、改めて思う。どんなことでも、好きなことがあれば、年齢を問わず追うのがいい。たとえ運につながらなくとも、自分の「芯《しん》」になるのではないか。

令和六年三月

東京赤坂の仕事場にて

内館牧子

二章　時代を熱狂させたスターたち

三章　品格——相撲独自の美意識

四章　時代錯誤か伝統か？
――女人禁制の不思議

帯デザイン　Malpu Design（清水良洋）
本文デザイン　Malpu Design（佐野佳子）
挿画　南伸坊

一章

横綱誕生の舞台裏

昇進口上

〝不惜身命〟貴乃花の決意

私の手元に一本の扇子《せんす》がある。黒い骨を広げると、抹茶《まっちゃ》色の地に「貴乃花」と白抜きされている。

いつだったか、私が横綱審議委員の時に、日本画家の川崎春彦委員と二子山部屋の朝稽《げい》古《こ》を見に行った。川崎委員は貴乃花の化粧《けしょう》まわしに美しい赤富士の絵を描かれたり、二子山部屋とは懇意《こんい》にされていた。その頃、部屋の師匠《ししょう》は元大関の初代貴ノ花だった。

朝稽古の後、師匠と横綱貴乃花と一緒にチャンコをいただいた。その時、師匠に促されて貴乃花が一本の扇子を取り出した。開くと、

「不惜身命《ふしゃくしんみょう》　貴乃花」

と筆でサインした。

「不惜身命」は貴乃花が第六五代横綱に推挙《すいきょ》された際、昇進伝達式での口上である。もともとは仏教用語であったが、「道を究《きわ》めるためには自分の身も命も惜しまない」という意味でも使われるという。

二〇二一年七月には第七三代横綱照ノ富士《てるのふじ》が誕生。昇進伝達式に臨《のぞ》んだ様子が大きく報じられた。

伝達の使者は、場所後の番付編成会議・理事会で新大関、新横綱が決定すると、その日に当該力士のもとへ協会から送られる。当該力士は大銀杏《おおいちょう》に黒紋付袴《はかま》で、同じく正装の師匠夫妻と並び、金屏風《きんびょうぶ》の前に正座する。こうして使者が昇進決定を伝達すると、当該力士が口上を述べる。先の貴乃花は次の言葉だった。

「謹《つつし》んでお受けいたします。今後も不撓《ふとう》不屈の精神で、力士として不惜身命を貫く所存でございます」

伝達式はいつ頃から始まったのか。私は考えたこともなかったのだが、この原稿を書くにあたり、調べてみた。双葉山や照國《てるくに》はどんな口上を述べたのだろう。ところが、伝達式の端緒《たんしょ》に触れた資料が見つからない。重要な儀式であろうに、これも不思議なことだ。ついには相撲担当の新聞記者にも聞いたが、わからない。「ウィキペディア」に少し書かれていた程度である。

ここでも断定はしていないが、どうも明治三十六（一九〇三）年に、常陸山谷右衛門《ひたちやまたにえもん》が第一九代横綱免許を打診《だしん》された際、「できれば二代目梅ケ谷藤太郎《うめがたにとうたろう》と一緒にお願いしたい」と答えたという。これが伝達式の端緒とされているようだが、「なぜ一緒に？」と思う人もあろう。

出羽ノ海部屋の常陸山と雷《いかづち》部屋の梅ケ谷は、自他共に認めるライバルであった。常陸山は顔も体も堂々たる「剛」の者。一方の梅ケ谷は優しい顔に太鼓腹の「柔」。この「剛と柔」は、横綱になる前から持ち味を生かした取り口で、館内を熱狂に包んでいた。後に栃錦《とちにしき》と若乃花が「栃若《とちわか》」と呼ばれ、柏戸《かしわど》と大鵬《たいほう》が「柏鵬《はくほう》」と呼ばれたように、「梅常陸《うめひたち》」である。

そして明治三十六年五月場所、二人は東西の大関として全勝で対決。常陸山が勝利して優勝したのだが、ともに横綱を許された。

以下、私個人の推測である。常陸山はライバル梅ケ谷を讃《たた》え、二人の来し方を振り返った。ライバルとして相手がいればこその自分だった。その時、第一九代横綱常陸山と第二〇代横綱梅ケ谷は一緒に使者を迎えるべきだ。そうすべきだ、と考えた。そして、実現させた。だとしたら、常陸山の思いはどれほど梅ケ谷の心に響いただろう。誰しも、真のライバルとはこういうものなのかと思わされよう。

この時の口上も、また栃若以前のそれもわからない。もしご存じの方がおられたら教えていただきたい。

現在、当該力士の口上は、まず、

「謹んでお受けいたします」

から始まる。これは受諾《じゅだく》の決まり文句のようになっているが、「Sponichi Annex」（二〇一一年十二月一日付）によると、この形になったのは昭和四十年代頃かららしい。

そして今、この決まり文句の後に力士個人の決意を述べる流れになっている。決意の口上は力士本人に委《ゆだ》ねられているため、どんな言葉で表現するのかが世間の耳目を集める。大きく報道されもする。

「不惜身命」のように難解な四文字熟語を使った口上は、大関昇進時の貴乃花、若乃花から始まったとされるが、確かにその前には見当たらない。「一生懸命」とか「全身全霊」とかの一般的な熟語は別にして、大関昇進時の四文字熟語の口上は次の通り。

貴乃花……不撓不屈

若乃花……一意専心（一途《いちず》にひとつのことに集中すること）

貴ノ浪《なみ》……勇往邁進《まいしん》（何ごとも恐れずに、まっすぐに突き進むこと）

琴光喜《ことみつき》……力戦奮闘《ふんとう》

琴奨菊《ことしょうぎく》……万理一空《ばんりいっくう》（ひとつの目標に向かい、あらゆる努力をすること）

また、横綱昇進時は貴乃花と若乃花だけが難解四文字だった。

貴乃花……不撓不屈　不惜身命

若乃花……堅忍《けんにん》不抜（苦しいことにも負けず、動揺しないこと）

それ以前の横綱たちは一般的な熟語で、以後も平易に戻っている。

苦労を乗り越え昇りつめた照ノ富士

力士個人の決意だけに、その人らしい言葉も少なくない。

第五九代横綱隆《たか》の里

「節制に努め、栄誉ある横綱を汚さぬよう努力、精進いたします」

重い糖尿病を、徹底した節制で乗り越えた横綱である。

第六二代横綱大乃国《おおのくに》
「健康に注意して横綱を一生懸命務めます」
第六三代横綱 旭《あさひ》富士
「健康に注意しながら心技体の充実に努めます」
ともに病気や怪我《けが》で苦しみ、横綱には「健康」が何より大切と身にしみていたのだろう。
大関昇進時の口上にも「らしさ」がある。
大乃国
「今後とも皆様の御指導を宜しくお願いいたします」
「優しすぎる力士」と言われた心根が見える。
武蔵丸《むさしまる》
「日本の心を持って相撲道に精進いたします」
こう言い切った外国人力士は他にない。
出島《でじま》
「力の武士《もののふ》を目指し、精進、努力いたします」
照國の美しさを持つと評判だった力士の、美しい日本語だ。

豪栄道《ごうえいどう》
「これからも大和魂を貫いてまいります」
外国人力士が席捲《せっけん》する時代にあって、負けん気の強さが光る。
朝乃山
「相撲を愛し、力士として正義をまっとうし、一生懸命頑張ります」
「愛」は高校の校訓にあったそうだが、「愛」を入れた若者に現代を感じる。また、笑える「キャラ立ち」もある。
第五一代横綱玉《たま》の海《うみ》
「謹んでお受けいたします」と言うところを「喜んでお受けいたします」と言ってしまった。喜びのあまりとはいえ、「現代っ子だ」と話題になった。
第五二代横綱北の富士
「一生懸命やらせていただきます」。北の富士は弁が立ちシャープで角界一のキレ者。なのに、町内会長就任のような挨拶《あいさつ》！　吹き出したが、妙に愛らしい。
第五四代横綱輪島《わじま》
「謹んでお受けいたします」とこれだけ。実はこの後に決意の口上を述べるはずが、忘れてしまった。これはもう輪島以外は誰もできまい。

そして、多くの力士は口上に「その地位を汚さぬように」という言葉を入れる。魁傑《かいけつ》は成績不振により一度大関から陥落《かんらく》した。その後、復活。二度目の使者を迎えるにあたり、「一度大関の名を汚してしまった自分は、何と言えばいいのか」と悩んだという。後に理事長となった魁傑の、真面目で誠実な人柄がわかる。

今、第七三代横綱照ノ富士は、

「不動心を心掛け、横綱の品格、力量の向上に努めます」

と口上を述べた。その後、記者たちに「品格、力量の向上」の文言を入れた理由について語っている。

「どういう生き方をするべきか考えて入れた。生き方で証明したい」

横綱、大関の中には口上で立派なことを述べながら、品格を地に堕《お》とした者が幾人もいる。苦労を乗り越えて昇りつめた照ノ富士は、きっと口上通りの誠実な横綱になると思う。

綱打ち

すぐ来るぞ朝貴時代

第五八代横綱千代の富士は、新大関の場所からわずか三場所で、横綱昇進を果たしている。

信じられるだろうか。大関三場所目を優勝で飾《かざ》るや、横綱推挙《すいきょ》の使者を迎えているのである。三場所で三八勝をあげ、うち一回は一四勝一敗で優勝。あれよあれよという間に、横綱にかけ上がってしまった。

令和二（二〇二〇）年七月現在、横綱の最短距離にいるのは、新大関朝乃山だろう。大関貴景勝《たかけいしょう》は怪我が重なり、いささか不本意な取り口が続いている。とはいえ、完治すれば押し相撲は無敵。朝乃山とともに綱を張り、「朝貴時代」を築く逸材《いつざい》だ。この後、二人があれよあれよという間に、横綱になることはあり得る。その時のために、少し気が早いが、今回は「綱打ち」を取り上げることにした。

「綱打ち」とは、横綱が締《し》める綱を作ることである。横綱が所属する部屋に、同部屋や一門力士たちが二、三〇人集まる。そして、一切の機械を使わず、手だけで作りあげる。専門業者などには頼《たの》まない。

この綱打ちは、東京場所（一月、五月、九月）の前にする。つまり、綱は二場所使ったら新しいものにするわけだ。大阪、名古屋、九州の地方場所には、その新しい綱を持って行く。また、巡業《じゅんぎょう》などで横綱土俵入りを披露《ひろう》することがあるが、その時もだ。

そして、新横綱が誕生《たんじょう》した時は、年三回とは別に、誕生のたびに作る。新横綱の綱を初めて打つことを、「綱打ち式」と呼ぶ。

昔からの伝統を守った作り方は、圧巻《あっかん》である。

まず、麻の繊維《せんい》を米ぬかでもみほぐし、柔《やわ》らかくしておく。それをより合わせ、銅線を入れ、三本の細い綱を作る。

次にその三本を、それぞれ真っ白なさらし木綿《もめん》で包む。包み終わると、全力士が白い手袋をする。この後が、綱打ちのハイライト。

年三回の綱打ちがテレビで紹介されることは、ほとんどないが、新横綱の綱打ち式の時は、このハイライトがよく報じられる。

より終えた三本の細い綱、今度はそれをより合わせ、太い綱にしていく。昔は「綱打ち」と呼ばず、「綱より」と言った理由がわかる。

白い手袋の全力士が、向かい合って二列に並び、一列全員で一本の細い綱を持つ。さらに一人は二列の間に、あおむけに寝る。そして一本を持つ。三本の細い綱、これを掛《か》け声をかけて、より合わせていく。

この時の掛け声がいい。

「ひぃ、ふぅのみッ。それ、イチ、ニッ、サン」

力士たちの野太い声が、合わさるだけでもテンションが上がるのに、「イチ、ニッ、サン」では太鼓《たいこ》まで叩《たた》かれるのだ。「ひぃ、ふぅのみッ、それ、ドンドコドン」である。

綱をよる時、絶対に地面に接触させないのは、地の穢《けが》れをつけないためであり、黒星に重ねないためだと聞いたことがある。

そして、新横綱の時には、全力士が紅白のハチマキをして、掛け声と太鼓の中でより合わせるのだから、それは賑《にぎ》やかで華やか。

新横綱は、上がり座敷《ざしき》に多くの親方衆や関係者たちと座り、この光景を見ている。相撲人生で一回だけの綱打ち式である。一門が集《つど》って、自分のために綱を打つ光景は、身も引き締まるだろうし、どんなに幸せなことか。

　こうしてより合わされた綱は、だいたい長さが五メートルほどで、重さは一〇キロ超になる。土俵入りの際は、化粧まわしもつけるので、二〇キロ近くになろう。できあがった綱は、腹回りには麻を多く入れて太く、背中に向かって少しずつ細くなっている。この細い部分が背中で雲龍型《うんりゅうがた》か不知火型《しらぬい》のどちらかに結ばれる。

　上がり座敷で見ている新横綱は、大銀杏を結《ゆ》っている場合もある。化粧まわしの上にできたての綱を締め、土俵入りを習うからだろうか。

直近の第七二代横綱稀勢《きせ》の里《さと》は、第六二代の大乃国（現・芝田山親方）に、雲龍型を習っている。集った関係者や一門力士たちの前で、真っ白な綱をつけての土俵入り稽古。おそらく、力士になってよかったと思う瞬間《しゅんかん》ではないだろうか。

雲龍型は背中で結ぶ綱の、結び目が一つである。不知火型は二つ。そのため、綱の長さは不知火型の方が長いという。

二つの型は結び目だけではなく、土俵入りの所作《しょさ》も違う。

雲龍型は「攻守《こうしゅ》兼務」を意味している。せり上がりで左手を脇腹《わきばら》に当て、右手を前方斜《なな》め下に伸ばす。脇腹に当ててガードしているかのような左手が「守り」の意味だ。伸ばした右手が「攻め」である。

一方、不知火型は「攻め一筋」の意味を持っている。せり上がりの時、両手を大きく広げる攻めの所作、実に雄々しい。

雲龍型は文久元（一八六一）年に、不知火型は文久三（一八六三）年に始まったとされ、今も変わることなく伝え継《つ》がれているのである。

二つの型を見せた北の富士の友情

しかし、私が横綱審議委員だった時、当時の北の湖《うみ》理事長が、「最近は左手を脇腹に当てず、すき間を作っている横綱もいる。これでは守りという意味をなさない」

と憮然《ぶぜん》としたことがある。一五〇余年も続く伝統を、何の畏《おそ》れもなく我流に崩《くず》す。その思い上がりに、理事長は怒《おこ》ったのだと思う。当然だ。恥《はじ》を知れである。

横綱は、最初にどちらかの型を決めて習うと、引退するまで変えられない。二つの型をやることはない。

ところがある日、秋田に住む親戚《しんせき》から、私に電話がかかってきた。

「北の富士が不知火型をやったよ！　見たよ！」

私は秋田出身で、親戚や友人知人も多い。その親戚の者は巡業に行ったらしい。だが、北の富士は雲龍型であり、不知火型をやることはありえない。まったく、綱の結び目を見れば、区別がつくだろうに。

ところが、興奮《こうふん》した声の内容に、胸がいっぱいになった。

その電話がいつだったのか覚えていない。だが、後で調べると昭和四十六（一九七一）年の夏巡業のことだった。その巡業は二手に分かれており、北海道地域は出身者でもある横綱北の富士のチーム。もう一方は本州地域で、横綱玉の海のチームである。

二人は「北玉時代」を築いている両雄で、ともに人気絶頂。二地域の人々は北の富士の雲龍型か、玉の海の不知火型か、どちらかを間近で見られるのだ。

なのに何ということ、玉の海は虫垂炎《ちゅうすいえん》のため、秋田巡業に出られなくなった。土俵入りを見られないと知り、秋田のファンはどれほどがっかりしただろう。

ところが、北の富士は玉の海の代役として秋田に行き、横綱土俵入りを披露したのである。こう聞けば、普通は「玉の海は不知火だけど、北の富士は自分の雲龍を見せたのだろう」と思う。

が、当然のことながら、玉の海チームが巡業に持ってきている綱は不知火型。これも当然ながら、玉の海の付き人たちは、不知火型の結び方しかできない。結び目が二つの方である。

すると北の富士は、躊躇《ちゅうちょ》せずに、

「いいよ、俺が不知火型をやるよ」

と言ったそうだ。そして、やったこともない不知火型を、みごとに披露した。秋田のファンは、ありえないものを見たのである。

病床の玉の海も泣かんばかりに喜んだと聞く。そしてほどなく、虫垂炎の予後が悪く、わずか二十七歳の若さで亡くなった。

北の富士はかつて、私に言ったことがある。

「こっちは還暦《かんれき》土俵入りまでやって、ヤツは二十七歳。理不尽《りふじん》だよ」

還暦を迎えた元横綱は、赤い綱と赤い御幣《ごへい》をつけて記念の土俵入りをする。最も新しいのは、平成二十七（二〇一五）年の第五八代横綱千代の富士だ。露払《つゆはら》いの日馬富士《はるまふじ》、太刀持ちの白鵬《はくほう》は白い綱姿である。若い二人の横綱を従え、勝負の世界で還暦まで生き抜いた姿。

赤い綱は、その美しさと厳しさを語っていたと思う。

優勝額

国技の殿堂を飾る三二人

平成三十一（二〇一九）年の大相撲初場所（一月場所）は、関脇玉鷲《たまわし》の初優勝で幕を閉じた。優勝争いの独走態勢に入っていた横綱白鵬が、一一日目から三連敗。一四日目からまさかの休場である。

今場所は横綱稀勢の里が三日目を最後に引退。横綱鶴竜《かくりゅう》は六日目から休場である。加えて白鵬が最後半に途中休場とあって、優勝争いに水がさされたことは否めない。だが、面白いことも起きた。

優勝額である。

これは両国国技館の天井近くに掲《かか》げられており、優勝力士の全身の肖像《しょうぞう》だ。東西南北の各面に八枚ずつ、計三二枚の額が飾られている。どうしても横綱の優勝が多いため、三二枚のほとんどを優勝常連横綱が占めることになる。

ところがだ。平成三十（二〇一八）年初場所の優勝は前頭栃ノ心《とちのしん》だった。七月の名古屋場所では、関脇御嶽海《みたけうみ》。さらに、十一月の九州場所では小結貴景勝が優勝し、続く今年の初場所では関脇玉鷲だ。

平成三十年初場所から三十一年初場所までの七場所中、実に四枚の優勝額に新顔が入ったことになる。国技館に行ったなら、天井近くを見上げて欲しい。横綱の場合、綱を締めて刀を持つ勇姿《ゆうし》が多いが、それができない四人の姿に、幕内優勝するのがいかに至難《しなん》か、実感するのではないだろうか。

私の女友達は、コンサートだか何だかのイベントで、国技館に行くことになった。もとより大相撲には何の関心もない人で、国技館に足を踏み入れるのは初めてである。

帰宅後、私の自宅に電話がきた。

「もうびっくりよ。何なの、あのドでかい肖像画みたいの」

「ああ、優勝額ね」

「あれには感動した。ここは国技の殿堂《でんどう》だなァと思ったわよ。他のスポーツではありえないね。どこが天井にスター選手の額飾るか？　だけど、私も友達もだんだん落ち着かなくなってきてさ」

「何で？」

「だってあなた、あの肖像画が館内にグルッと三六〇度あるじゃない。それも天井から見おろしてるわけよ、ガタイのいい男どもが。三六〇度どっちを向いてもいるから」

この「どっちを向いてもいる」には笑ったが、その後で彼女は大真面目《おおまじめ》に言った。

「海外のすごいミュージシャンとか、何か肝《きも》煎りのイベントの時は外《はず》すんでしょ」

この発想こそ「もうびっくりよ」である。「外す」なんて考えもしなかった。相撲に関心がない人たちの言葉には、時に目が覚める。

優勝額は一度つけたら、大物のコンサートだろうが世界的なイベントだろうが絶対に外さない。ただ、グルッと三六〇度とはいえ、三二枚分のスペースしかない。そのため、五年と二場所飾られると、順次古いものを外し、新しい額が取りつけられる。外すのはその時だけである。

何しろ額の大きさは縦三・一七メートル、横二・二六五メートルで、畳《たたみ》にして約五枚分とされる。優勝力士本人の「ガタイ」より、遥《はる》かに大きいのだ。それに、どんな大物が来ようが、国技の殿堂は「外す」などという忖度《そんたく》は誰にもしないのである。

するると彼女は言った。

「そんな大きなもの、どうやって天井近くに取りつけるわけ？　クレーンとか？」

答えに詰まった。これも考えたこともなく、優勝額は常にあの場所にあるもの、それが当たり前になっていた。ホントに相撲に関心のない人たちの言葉には、虚を突かれる。答えられない私に、彼女は勝ち誇《ほこ》ったように言ってくれた。

「ボーッと生きてんじゃねーよ。チコちゃんに叱《しか》られる！」

相撲協会が監修《かんしゅう》する『相撲大事典』（金指基、現代書館）をはじめ、うちにある限りの相撲に関する文献を見たのだが、出ていない。インターネットで検索もしたが、見つからない。

相撲博物館に聞いてみようかと考えた矢先、月刊『大相撲中継』（二〇一九年一月十九日号）に、写真付きで詳しく出ていたのだから、喜んだ。よかった、チコちゃんに叱られずにすむ。

同誌によると、まずスタジオでプロカメラマンが、化粧まわし姿の優勝力士を撮影《さつえい》する。

そして、富士フイルムの工場で印刷。色の褪《あ》せにくいインクと丈夫なシートを使い、大型のデジタルプリンターで印刷する。傷や汚れがつかないように表面にはプラスチックフイルムを貼《は》るのだという。

その後、別の工場で額装して完成である。

これをトラックで国技館に運ぶ。大人四人がかりだ。しかし、運ばれてもすぐには飾られず、「優勝額贈呈式《ぞうていしき》」を終えてからになる。

式は年三回の東京場所の初日前日に行われる。土俵祭りがすむと、先々場所と先場所の優勝者二名が国技館正面玄関に立つ。大銀杏に紋付《もんつき》袴姿の二名を、誰でも間近に見ることができる。私は何度か見ているが、優勝力士の晴れがましさがナマで伝わってきて、いいものである。

この式を終えるとすぐに、額はワイヤーで吊《つ》り上げられる。『大相撲中継』誌の写真を見ると、やはり四人がかりだろうか。そして、地震でも動かないようにしっかりと固定し、取りつけ完了。

翌日、つまり本場所初日に「優勝額除幕式《じょまくしき》」が行われる。これは、先場所の優勝力士の賜盃《しはい》と優勝旗返還式の後なので、テレビで見た人は多いのではないか。掲額《けいがく》される優勝力士は土俵上でそれを見上げる。幕がかかっていた額は、厳《おごそ》かな音楽に合わせて姿を現し、スポットライトで照らされる。

私はこの除幕式を見るたびに、先を越された同期や兄弟子を思う。彼らは口惜しさと自分の不甲斐《ふがい》なさを感じながら、「必ず俺も」と心を奮《ふる》い立たせるだろう。勝負の世界に生きる人間の厳しさを思う。

明治四十二（一九〇九）年に両国に初代国技館が完成し、優勝制度が制定された。優勝額はそれ以来の歴史を持つ。一一〇年を優に超えた。当初は時事新報社からの贈呈であったが、昭和十二（一九三七）年からは東京日日新聞社（現在の毎日新聞社）だ。額の下部には新聞社名が大きく書いてあるのだが、優勝力士の勇姿に気を取られるのか、意外と気づかない人が多い。額の上部に書かれた文字の違いに気づく人は、さらに少ないようだ。

上部には大きく「優勝」と書かれているが、全勝優勝の場合は「全勝」と書かれるのである。全勝優勝は別格だということが額一枚からも伝わってくる。

優勝額は戦争のために中断した時期もあっ

た。しかし、昭和二十六（一九五二）年から白黒写真で復活。彩色家の佐藤寿々江《すずえ》が、それに油絵具で色をつけていた。佐藤は復活第一号の横綱照國以来、平成二十五（二〇一三）年九州場所の横綱日馬富士まで一人で彩色。その数、実に約三五〇枚にのぼったという。デジタル処理されたカラー写真になったのは、彼女の引退後である。

姿を消した日本人力士の肖像

ところで、多くの相撲ファンが嘆《なげ》いたことがある。平成十八（二〇〇六）年初場所で優勝したのは大関栃東《とちあずま》。五年と二場所が過ぎ、その優勝額は平成二十四（二〇一二）年に外された。その後、平成二十八（二〇一六）年に大関琴奨菊が優勝して贈呈されるまで、三二枚の額はすべて外国人力士だったのである。

これを嘆く人もいれば国際化だとして喜ぶ人もいよう。ただ、国技大相撲の殿堂を飾る三二人が、すべて外国人という現実をなかなか受け入れられない気持ちはわかる。

なお、額は力士本人の所有物である。外された後は本人の出身校や、出身地の市役所など多くの場所に寄贈されるようだ。「レプリカ」とでも言うべき小さな額も授与されるため、力士本人はこちらを取っておくのだろう。

外された額を近くで見たいなら、ＪＲ両国駅構内がいい。横綱白鵬や横綱武蔵丸などの額が飾られている。駅舎を出ればすぐに国技館の緑色の屋根が見え、隅田の川風に力士《りきし》幟《のぼり》がはためいている。相撲の町である。

弓取式

落とした弓は足で拾い上げる!?

いつのことだったか。私の家にテレビが入った頃なので、昭和三十三（一九五八）年あたりか。私は十歳の小学生ということになる。

ブラウン管の分厚いテレビは白黒映像で、それは雨が降っているように映像はきわめて悪い。さらに、画面は非常に小さい。

それでも、テレビを買った家は、どこも大喜びだった。家庭にいながら、スポーツ中継も歌番組もニュースも、スターの顔も見ることができる。そんな日が来るなんて、誰が考えたか。

私も本場所中は、ランドセルを放り投げ、ワタナベの粉末ジュースなどを飲みながら、大相撲中継から一瞬《いっしゅん》たりとも目を離さなかった。もちろん熱戦もだが、私は弓取式が楽しみだった。

　というのは、弓取式を務《つと》める力士が土俵上で弓を落とした場合、足で拾い上げると聞いたのだ。土俵の外に吹っ飛ばしてしまった時は、呼出しが拾い、土俵上に戻す。弓取力士はそれも足で拾い、また弓取式を続けるのだという。

　どうしても足で拾うところを見たい。テレビならそれも見られる。今日は落とすか、明日は落とすかと、毎日ドキドキしていた。ところが、力士はいっこうに弓を落としてくれない。

　結局、私は今に至るまで、足で拾うシーンは一度も見ていない。だが、京都に住む友人は平成二十（二〇〇八）年の大阪場所（三月場所）で見たと、電話をかけてきた。足で拾おうとしたがうまくいかず、手で拾ったというのである。

「あれっていいの？」

　と聞く。

　元来、弓取式は結びの一番で勝った力士に代わって、つまり代理力士が弓を振る儀式である。私は代役による「勝利の舞《まい》」だと思っている。

　当然ながら、結びは大半が横綱の取組で、多くは横綱が勝つ。ということは、弓取力士は横綱の代わりに土俵に上がるわけである。

弓取力士は幕下《まくした》以下と決められており、超満員の客にも慣れていない。足で拾おうにもパニックになるし、途中で終わらせては、横綱に恥をかかせることになる。咄嗟《とっさ》に手で拾うしかなかったのだと思う。

この一件からもわかるように、今もずっと弓は足で拾う。「土がつく」つまり黒星を何よりも嫌う角界のゲン担ぎである。

本場所の千秋楽では、結びの一番を含《ふく》めて最後の三番を「これより三役」とか「役相撲」と言う。テレビでも中継するが、戦う前に、東西三人ずつの力士が土俵に上がる。そして「三役揃《そろ》い踏《ぶ》み」として、四股《しこ》を踏む。実況アナが
「扇《おうぎ》の要《かなめ》は〇〇山です」

と言うのを聞いたことがあると思う。これは、三人のうち前方に二人、後方に一人（西は前方に一人、後方に二人）が立ち、扇形を作るからだ。一人で立つ力士が、扇の要である。

これが終わると、三役の取組三番が始まる。この三番の勝者に、行司は「役相撲に叶《かな》う」という口上《こうじょう》とともに、順番に「矢」「弦《つる》」を与える。そして、「弓」は結びの一番の勝者に贈られる。

この時、注意して見てほしい。「弓」は勝者にではなく、弓取式を行う代役力士に贈られる。

代役はその弓を振るい（弦は張っていない）、儀式を行うわけである。大変な重圧と緊張《きんちょう》である。

弓取式の起源には、面白い諸説がある。

一つは寛政三（一七九一）年、十一代将軍徳川家斉《いえなり》が臨席《りんせき》する「上覧相撲《じょうらんずもう》」の説だ。第四代横綱谷風《たにかぜ》は結びの一番で勝った。

その時に弓をもらった谷風は、土俵の真ん中に出た。そして家斉を前にして、四方にそれを振り回したという。これは定かではないものの、起源説の一つである。

信長起源説に天平起源説

一方、最初に弓を贈ったのは織田信長だとする説も根強い。

実際、『古今相撲大全』（木村清九郎）には、元亀元（一五七〇）年に観戦した信長が、勝者に弓を贈ったという記述がある。これが事実とすれば、谷風が振り回すより二二〇年余も前ということになる。ただ、この説も確証はないようだ。

とにかく、相撲の歴史は古いため、証明できないというものが非常に多い。どうせ証明できないなら、私は天下無敵の大横綱谷風が弓を振り回した説が好きだ。お茶目で愛らしいではないか。

『古今相撲大全』等、複数の資料によると、「弓取式」は江戸中期には成立していたようである。これだと谷風の在位とも重なる。もっとも、お茶目でやったのではなく、将軍への敬意を表して、本人自らが務めたらしいとも言われる。

もう一つ、優美な起源説がある。奈良・平安時代の「相撲節会《すまいのせちえ》」に端《たん》を発するのではないかというものである。

相撲節会となると、信長説よりも八三五年以上古く、谷風説よりは実に一〇五〇年以上も古い。相撲節会が始まったのは、天平六（七三四）年である。平城京に都があり、唐招提寺《とうしょうだいじ》の建立より二五年も前だ。

そう思っただけで、「ああ、相撲の歴史ってすごいなァ」とザワザワしてくる。が、この天平説も定かではない。

そして、私が東北大学で「土俵という聖域」という論文を準備していた時のことだ。『古事類苑《るいえん》』（吉川弘文館）で何かを調べている時、たまたま一枚の絵を見つけた。『古事類苑』は、明治政府によって編纂《へんさん》が始められた書物で、言ってしまえば「百科事典」である。

その中の「武技部」の項目に、「立合舞」という絵があった。線で描かれたイラストのようなものだ。

「立合舞」は天平時代の相撲節会における舞いである。「最手《ほて》」という最強ランクの力士が取り組んだ後、勝った方は弓を持って舞いを舞った。そのイラストが、現在の弓取式にそっくりで、重なって見える。

ただ、裸身ではない。当時の衣裳《いしょう》をつけている力士が、背中に矢を背負い、弓を肩《かた》にのせ、四股のような動きを舞っている。もう一つ現在と違うのは、弓に弦が張られていることだ。勝った側の他の力士たちは、笑い声をあげて囃《はや》したてたという（『相撲大事典』）。

これは貴族文化の薫《かお》る起源で、捨て難《がた》い説だ。だが、調べていくと、やはり弓取式の起源だとは、どうにも証明がつかない。

新田一郎が『相撲の歴史』（山川出版社）の中で、次のように書いている。

「相撲節をいろどるさまざまな儀式は、はるかにくだって近世の勧進《かんじん》相撲興行《こうぎょう》の故実《こじつ》のよりどころとして、しばしば言及《げんきゅう》されてきた。たとえば『弓取』の起源を、勝方の『立合』が弓を負って舞う『立合舞』に求めたり、『花道』や『力水《ちからみず》』の由緒《ゆいしょ》を、勝方の相撲人が造花《ぞうか》（右方はユウガオ、左方はアオイ）を次に登場する相撲人にあたえた習わしに求めることなどがそれである」

相撲節会において、東方の力士は髷《まげ》に葵《あおい》の花をさし、西方は夕顔の花をさして入場してきた。力士の入場道は、そこから「花道」と名づけられたという説だ。東は朝日を浴びて咲く葵、西は夕日を浴びて咲く夕顔というわけである。

この花道説は、明治四十二（一九〇九）年、両国国技館が完成した際に出された冊子『紀念』に書かれている。また、『相撲起顕《きげん》』（瀬木新郎九）も同年に発表されたものだが、大きな力士が花をさしている絵が出ている。

しかし、民俗学者の折口信夫《おりくちしのぶ》をはじめ、多くがこの花道説を否定している。

花をさしたり、弓を負って舞ったりは美しい視点だが、学問的には証明されていないのである。新田一郎が前述の書で、

「近世の相撲習俗の淵源《えんげん》を相撲節に求めること自体、総論としてはそれなりに故なきこととしないが、具体的な個々の俗については、たしかなことはいいがたい」

と書く通りである。

ただ、根拠《こんきょ》はまったくないが、毎場所の弓取式を見ながら、天平説や信長説、また谷風説を思い浮かべることは、悪くないものである。きっと弓取式をさらに興味深いものにするのではないだろうか。

金星・銀星

史上最年少金星獲得は貴花田！

私は稀勢の里が好きだった。

横綱にふさわしい心技体に加え、昭和のお相撲さんを思わせる雰囲気《ふんいき》をまとっていた。

それはメンコ絵のようだった。

しかし、綱を締《し》めるや大怪我に襲われ、休場が続く。そして在位一二場所で、短い横綱人生を終えた。

平成三十（二〇一八）年初場所（一月場所）、稀勢の里は三日連続で金星《きんぼし》を配給している。

メディアは、

「これは戦後初の不名誉《ふめいよ》記録だ」

と、盛《さか》んに報じた。この配給状態からも、体調の悪さが極限にあったのではないか。

「金星」とは、横綱が平幕《ひらまく》力士に敗れることである。

力士の地位は、上から横綱、大関、関脇、小結であり、平幕はその下。横綱との力量、格の違いはとてつもなく大きい。平幕にしてみれば、横綱と当たるだけで嬉《うれ》しく、「自分もここまで来たか……」と感慨《かんがい》にもふけるだろう。

一方、横綱は「平幕ごとき」に負けてはならないのである。それ以前に、負けるわけがないのだ。であればこそ、金星を手にした平幕力士の喜び、感動は計り知れない。

平成二十九（二〇一七）年名古屋場所（七月場所）、平幕の宇良《うら》は東前頭四枚目。そして横綱日馬富士を破った。座布団が舞《ま》う館内で勝ち名乗りを受けた後、NHKのインタビューで泣いた。言葉にならなかった。それほどまでに大きな星なのである。

「金星」の名は「金的《きんてき》」に由来すると言われる。金的は「金色の板または紙の、中央に直径一センチメートルほどの円をえがいた弓の的《まと》」（『角川国語辞典』）とあるように、遠くからこの小さな小さな的を射抜《いぬ》く。「金星」を得る困難さがよくわかる。

だが「金星」の名は俗称《ぞくしょう》で、協会の規定では採用していない（『相撲大事典』）。とはいえ、協会はその価値を十分に承知《しょうち》。そこで、その力士が引退するまで毎場所、金星には褒賞《ほうしょう》金《きん》を出している。これは昭和五（一九三〇）年に決まり、当時は金星ひとつで一〇円だった。

現在は現在の金銭価値に合わせ、一〇円を四〇〇〇倍している。つまり、ひとつでも金星を取れば、引退するまでずっと四万円が支給されるのである。

金星獲得数の第一位は、安芸乃島《あきのしま》の一六個。毎場所六四万円になる。二位は高見山と栃《とち》乃洋《のなだ》の各一二個。

そして、最年少で金星を手にしたのは、貴花田（後の横綱貴乃花）である。平成三（一九九一）年夏場所（五月場所）初日だった。

弱冠《じゃっかん》十八歳の平幕貴花田は、横綱千代の富士から金星をあげた。

この一番を覚えている人は多いのではないか。敗れた千代の富士が、一瞬《いっしゅん》、微笑《ほほえ》みを浮かべたのだ。私はテレビでそれを見た時、「千代は引退するな……」と思った。金星を与えて微笑むわけがなく、この裏には幕引きへの決断があると思ったのである。

実際、千代の富士はこの場所で引退し、

「良き後継者《こうけいしゃ》の出現を肌《はだ》で感じた」

と語ったと報じられている。あの微笑みは、とっさに出た安堵感《あんどかん》だったのかもしれない。

では逆に、金星の配給数が多い横綱は誰だろう。つまり、引退までに平幕に敗れた数のトップ五である。調べてみて驚いた。どう考えても、平幕に負けるとは思えない大横綱ばかりなのだ。

第一位　北の湖　五三個
（在位六三場所）
第二位　日馬富士　四〇個
（同三一場所）
第三位　輪島　三九個
（同四七場所）
貴乃花　三九個
（同四九場所）
第五位　柏戸　三五個
（同四七場所）
曙《あけぼの》　三五個
（同四八場所）

理由としては、たとえ不調でも「綱の責任」として、出場する場

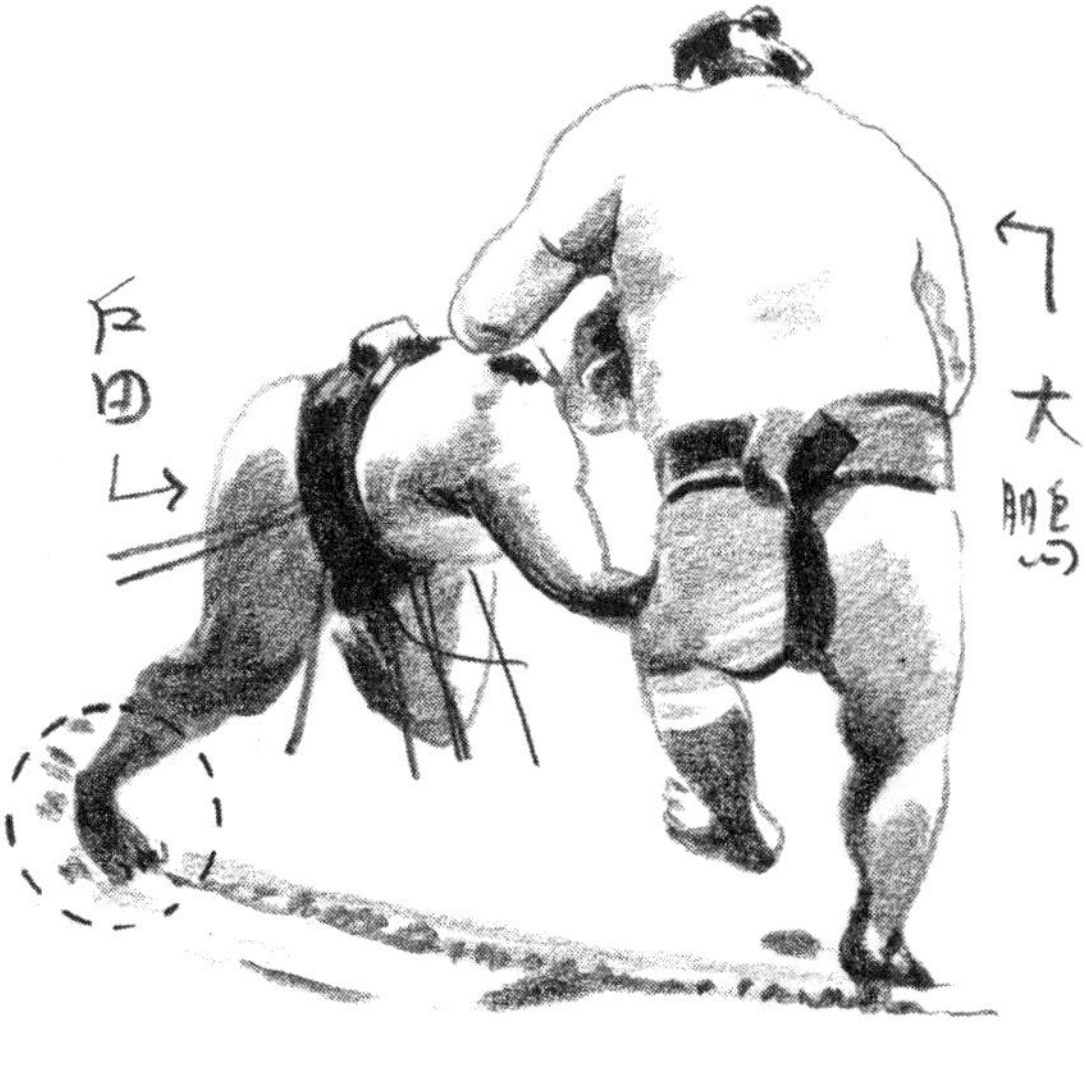

合があったのかもしれない。前述の稀勢の里にも、それは言われた。最近は、横綱がそろって休み、土俵入りを見られない場所もある。

また相撲界では「金星」を「美人」という意味にも使う。力士が婚約《こんやく》すると「××関は金星を射止めた」などとよく使われる。

これほどまでに、「金星」という言葉が今を生きているのに、「銀星《ぎんぼし》」はほとんど聞くことがなくなった。

今でも使っている場合もあろうが、私は聞いたことがない。これは平幕力士が大関に勝つことである。

いつ頃から使われなくなったのか。調べても定かではなかったが、私が高校生くらいまでは、普通に口にしていたように思う。

『相撲大事典』によると、「銀星」の名は、「報道関係者の造語《ぞうご》」で、褒賞金はつかない。

もしかしたら、報道関係者は、横綱に勝てば金なのだから、大関なら銀の称号《しょうごう》を与えようと思ったのかもしれない。常にそばで相撲を観《み》ている報道陣であればこそ、平幕が大関を倒すことがいかに快挙《かいきょ》か、知っている。大関に勝つのは二位、「銀メダル」だ、特別だ。そう考えたとしても不思議はない。

だが、金星という言葉のみが今を生きる。それは、横綱と大関の格の違いを暗示しているかもしれない。

金星・銀星の裏には　栄枯盛衰のドラマが

そして令和二（二〇二〇）年現在、その横綱が視界に入ってきたであろう大関朝乃山だが、金星はわずか一個しかあげていない。金星を得る間もなく、三役にかけあがった一面もあろう。新入幕から二年余りの令和元（二〇一九）年十一月、三役になっているのである。

もし朝乃山が横綱になれば、富山県出身では実に一〇九年ぶり。第二二代横綱太刀山峰《たちやまみね》右衛門《えもん》が、明治四十四（一九一一）年に第二二代横綱になって以来だ。

この太刀山、実はただの一個も金星を配給していない。平幕相手に五九回戦い、五九戦全勝である。金星配給ゼロという横綱は、太刀山ただ一人だ。

もっとも、横綱に昇進した明治四十四年から、引退の大正七（一九一八）年の間は、場所数が年二回。一場所一〇日間の興行である。

「それでは現在の年六場所、一五日間興行より有利だよ」

と言う人もあろうが、当時は「預《あず》かり」と「引き分け」という制度があった。いずれも土俵上で勝敗がつけにくい一番で、前者は協会が後日に協議したり、後者は引き分けとして取り組みを止めたりの制度だ。

太刀山には預かりも引き分けも一番もない（『大相撲ジャーナル』二〇二〇年五月号、アプリスタイル）。ということは、判定に困るような相撲は取っていないのである。堂々たる横綱相撲の強さを見せつけていた証拠だろう。

この話で思い出すのが、昭和四十四（一九六九）年三月場所、横綱大鵬《たいほう》と平幕戸田の一番である。この日、四六連勝をかけた大鵬に軍配《ぐんばい》が上がったものの、物言いがついた。そして、行司差し違えで戸田の勝ちとなった。

当時の報道によると、行司の式守伊之助《しきもりいのすけ》も大鵬自身も、戸田の足が先に出ていたと確信。それればかりか戸田本人も「横綱の足が残っていた」と語っている。だが、判定は覆《くつがえ》らず、「世紀の大誤審《ごしん》」として国民の怒りを買った。そして、これを機に判定にビデオを導入《どうにゅう》。それほどの誤審により、連勝は四五で止まった。

しかし、大鵬はサラリと語っている。

「ああいう相撲を取った自分が悪い」

「金星」「銀星」には、多くのドラマがある。

昭和十四（一九三九）年初場所、横綱双葉山は前頭三枚目の安芸ノ海に敗れ、連勝は六九で止まった。双葉山の記録を止めたのは、平幕だったのである。

双葉山は後援者に「我未だ木鶏《もっけい》たりえず」と電報を打った。自分は木彫《きぼ》りの鶏のように泰然自若《たいぜんじじゃく》の境地には、まだ至っていないという反省だ。一方、金星をあげた安芸ノ海は、郷里《きょうり》の母に「お母さん、勝ちました」と打った。

また、前述のように、貴花田に金星を与えた一番が、千代の富士引退のきっかけになった。貴花田の父・大関貴ノ花は、平幕だった千代の富士に銀星を与え、引退を決めた。父と子と千代の富士の、栄枯盛衰《えいこせいすい》のドラマである。

断髪式

亡き師匠の誕生日に

第七二代横綱稀勢の里の断髪式《だんぱつしき》が、本年（令和元年）九月二十九日、両国国技館の土俵で行われる。

この日は亡き師匠《ししょう》の誕生日だという。亡き師匠とは第五九代横綱隆の里、前・鳴戸《なると》親方である。中学を出たばかりの少年を、日本中が沸《わ》き返る横綱に育てあげた。しかし、その師匠は愛弟子が綱を締める姿を見る前に他界した。稀勢の里としては、自分をここまで導いてくれた師匠に、何としても断髪式で最後の「止め鋏《ばさみ》」を入れてほしかったと思う。だがそれは叶わず、せめてもの思いで誕生日にしたのではないか。

断髪式では何十人、何百人という関係者が、大銀杏に結った髷に鋏《はさみ》を入れる。行司に示されたところの髪を、ほんの五、六本切る。そして、最後の「止め鋏」で師匠が大たぶさをバサッと切り落とす。大たぶさとは、頭頂部に載《の》っている髷の部分で、銀杏の形をしている。力士の象徴とも言える部分だ。

読者の中には、力士なら誰でも国技館の土俵で断髪式ができると思っている人がいるかもしれない。ありえない。格差社会の相撲界では、断髪式にも厳然と条件がある。テレビや新聞でよく見るように、引退する力士は紋付き袴姿で土俵上の椅子《いす》に座り、断髪する。これは「十両を一場所以上つとめた力士」に限られる。

また、断髪式後に行われる引退相撲は、十両以上を三〇場所以上つとめた力士にだけ許される。該当する力士は非常に少ない。

国技館の土俵で最初に断髪式を行ったのは、第三五代横綱双葉山である。昭和二十一（一九四六）年のことだ。戦後一年という時に、不世出の大横綱が正装で土俵に正座した。当時は椅子ではなかった。そして、時の横綱羽黒山《はぐろやま》ら華々しいスター力士から髷に鋏を入れてもらう。この行事は、敗戦直後の国民をどれほどときめかせただろう。

それ以前から断髪式はあった。しかし、所属する相撲部屋や自宅などで行っていたようだ。たとえば、第二七代横綱栃木山《とちぎやま》は大正十四（一九二五）年に引退しているが、断髪式は出羽海《でわのうみ》部屋でやっている。また、明治十八（一八八五）年に引退した第一五代横綱初代梅ケ谷は自宅で行っている。私が見た限りの資料では、全員が正装に正座である。明確ではないが、昭和二十年代半ばくらいから椅子になったらしい。

断髪式にまつわるエピソードは、非常に多い。その中でも、大関千代大海《ちよたいかい》の話は有名である。千代大海は平成二十二（二〇一〇）年に引退。その後、国技館で断髪式を挙行した。

入門前は「茶髪にソリを入れたツッパリ」であったという。それを師匠で第五八代横綱の千代の富士が鍛《きた》え直し、大関の地位まで昇《のぼ》らせた。

入門前の千代大海は、母親にかなりの心配と苦労をかけていたことは、想像に難《かた》くない。そんな母親に鋏を入れてほしい。しかし、国技館の土俵に女性が上がることは禁じられている。どうしたか。千代大海は自ら土俵を降り、土俵下で見守っていた母親に鋏を入れてもらったのである。

一方、前述の条件を満たしていても、国技館以外の場所で行う力士たちもいる。その場合、女人禁制ではない。

私は仙台出身の五城楼《ごじょうろう》（最高位前頭三枚目）の断髪式で鋏を入れている。平成十八（二〇〇六）年、東京は江東区のホテルで挙行された。私が監督《かんとく》をつとめる東北大学相撲部は、仙台出身の五城楼に非常に世話になっていた。そんな関係で、断髪式に伺ったのだが、たとえ五、六本の髪を切るだけでも非常に緊張する。私は耳元で「東北大相撲部の代表で来ました。ありがとうございました」と囁いた。

よく断髪の時、涙《なみだ》を拭《ふ》いている力士の姿が報じられるが、当然だと思う。鋏を入れる人たちとの思い出や、髷とともに生きた長い年月が蘇《よみがえ》るのだろう。

また、病室で断髪した力士もいる。最近のことなので、記憶している人も多いのではないか。モンゴル出身の小結時天空《ときてんくう》である。悪性リンパ腫《しゅ》を発症し、闘病《とうびょう》に入った。復帰を目指して努力したが叶わず、平成二十八（二〇一六）年に引退。その後、抗がん剤で髪が抜ける懸念《けねん》があり、元師匠の元大関豊山《ゆたかやま》をはじめ、現師匠の時津風《ときつかぜ》、母校東京農大関係者が集った。

そして、病室で断髪したのである。引退会見もやったが、この時は丸坊主《まるぼうず》にしていた。それから五カ月後の平成二十九（二〇一七）年、年明けに亡くなっている。

読者の方々は、立浪《たつなみ》部屋の大翔鳳《だいしょうほう》を覚えているだろうか。色白でくっきりした目、胸毛の逞しい体で、小結まで昇進した。ところが膵臓《すいぞう》がんを発症。平成十一（一九九九）年に引退した時、舞《まい》の海《うみ》はじめ母校の日大関係者の発案で、断髪式が行われた。

会場の高輪プリンスホテルに病室から来た大翔鳳は、別人のように痩《や》せていたと報じられたが、古い仲間たちが催《もよお》した手作りの断髪式。きっと幸せだったと思う。それからほどなく、三十二歳の若さで亡くなった。

相撲史に残る集団断髪!?

多くの断髪エピソードで、私が今もって忘れられないのは、「集団断髪」とでも言う写真である。

昭和七（一九三二）年、相撲界を揺るがす「春秋園事件《しゅんじゅうえんじけん》」が勃発《ぼっぱつ》した。これは出羽海一門の力士三二名による、言うなれば「ストライキ」。主導者は関脇の天竜《てんりゅう》だった。天竜らは協会改革を要求し、東京は大井町の中華料理店「春秋園」に立てこもった。当時、番付の西方を出羽海部屋の力士がほぼ独占していた。彼らがゴソッと抜けたのだから、協会も頭を抱えた。忘れられない写真というのは、その立てこもり力士たちが、おそらく春秋園の一室だろう、畳に正座している。そして、鋏で自分の髷を切り落とそうとしているのである。幾人かの力士が並んで両腕を頭の上まで伸ばし、今まさに集団で自分の髷に鋏を入れようとしていた。それは絶句するほど異様な光景だった。私がその写真を見たのは、たぶん中学生か高校生の時だと思うが、雑誌で見たのか何で見たのか、まったく覚えていない。以来、二度と見ることはなかった。

ところが、『大相撲ジャーナル』（平成三十一年一月号）に出ていたのだ。それは「力士と断髪式」（浅坂直人）というコラムだった。私にしてみれば、五〇年ぶりの「再会」である。

その写真には、「革新力士団による一斉断髪」とキャプションがついていたが、まさしくそれ。今、再び見ても異様な光景である。

彼らはその後、髪をサラリーマンのような七三分けにし、化粧まわしをつけて靖国神社に詣《もう》でている。その写真はこれまで何回も目にしてきたが、「サラリーマン風力士」もやはり異様である。七三分けと化粧まわしがまったく合わない。

結局、「春秋園事件」は協会側の切り崩しなどもあって立ち行かなくなり、消滅した。

ただ、要求のひとつ「力士協会ヲ設立シ、モツハラ力士ノ共済制度ヲ確立サレタイ」は、協会も容認し（『相撲の歴史』）、現在に至っている。相撲界は組織がよく整っていると言われるが、江戸の昔から幾度も整備が加えられてきたのである。

その意味では、もうひとつ大胆《だいたん》な断髪劇がある。世に言う「三河島《みかわしま》事件」で、大正十二（一九二三）年に起きた。

力士の待遇《たいぐう》改善を求め、東京相撲協会の力士たち一九人が、東京は荒川区三河島の工場に立てこもった。時の第二六代横綱大錦《おおにしき》らが調停に力を尽くしたものの不調。ついには警《けい》視総監《しそうかん》が間に立ち、力士養老金や配当金の増額で合意し、決着がついた。

その後、立てこもり側と協会は、めでたく手打ちの宴《うたげ》を持った。その時、出席していた大錦は、宴の最中にちょっと席を立ち、室外へ出た。そして、戻ってきた時には髷が切り落とされていた。隣室で自ら切ったのである。

それは横綱という地位にある自分が調停できず、外部の力を借りたことへの恥と責任の決着であっただろう。私はこれを「切腹」と見ている。生き恥をさらして横綱でいたくない。その思いではないか。

驚いたのは、髷を切り落としたばかりの大錦の写真が、前述のコラムに出ていたことだ。私は初めて見る写真だったが、スッキリしたような、高揚感《こうようかん》のある表情が胸をつく。

力士にとって、昔も今もこのように、断髪は重いものである。

二章

時代を熱狂させたスターたち

相撲由来の言葉

相撲界独特の言葉

私は体調を崩して入院していたのだが、ちょうど平成二十八（二〇一六）年の名古屋場所（七月場所）中だった。病室では早くからのテレビ観戦だけが楽しみだった。一五日間すべて満員御礼が出ていたが、昔からの相撲ファンに加え、新たなファンがふえたおかげだろう。

ホヤホヤの一年生ファンにとって、相撲界の独特な言葉は、最初は意味不明ではないだろうか。実況《じっきょう》アナウンサーが、

「××山、押し出しッ！　△△川としては、得意の右はずから自分十分に持っていきたかったでしょうが、××山の電車道でした。××山、一二日目にして初日が出ました」

と言い、解説者が答える。

「××山、今日は勝ちましたが、この後の対戦相手を考えますと、両目が開《あ》くのは大変ですよ。この番付、ちょっと家賃《やちん》が高すぎたかなァ」

一年生ファンの中には「右はずって何？」「自分十分って？」「電車道なんか土俵にないけど」「初日が出たって言うけど、今日は二日目よ」と首をかしげる人もあろうし、「両目が開く」「家賃が高い」などワケがわからない人もいるだろう。これらがわかってくると、通《ツウ》らしい自分が嬉《うれ》しいものだ。

一方、元々は相撲界の言葉であったのに、一般社会で当たり前に使われるようになった慣用句も非常に多い。私たちが普通に使っているあの言葉が、まさか相撲から来ているとは思いもしないのではないか。

七月十八日に病室で見たNHK実況中継では、そんな言葉を幾《いく》つか紹介していた。例えば「白黒つける」。私たちも日常生活の中で「もう白黒つけるしかないよ。待ったなしのところに来てるからな」などと言う。白星、黒星からの言葉で、「ものごとをハッキリさせる」という意味だ。「待ったなし」も普通に使うが、これは相撲の言葉だとすぐに気づくだろう。

テレビでは「あげ足を取る」とか「押しが強い」「格段の差」なども紹介していたが、

これらも相撲からだとわかる。「押し」は「決まり手」だし、「格段」は番付から来ている。番付は五段に分けて書かれ、地位（つまり格）によって名前が書かれる段が違う。

相撲から来ている慣用句で、私が一番驚《おどろ》いたのが「一人相撲」の語源だった。これは一人で必死に動いて自滅《じめつ》する状態を、単に相撲に例えて言っているのだと思い込んでいた。ところが、「大相撲における宗教学的考察」という論文を準備している時、神事相撲から来ていると知った。

年代は奈良・平安時代など諸説あるが、毎年、農作物が豊作《ほうさく》か否《いな》かについて神のご託宣《たくせん》を受ける相撲が行われた。

その相撲は、神を相手に人間が取る。神の姿は見えないので、傍《はた》からは人間が一人で必死に動いて、いわば相撲のパントマイムをやっているようにしか見えない。こうして三番取って、神が二勝一敗で勝つ。神の勝利によって、豊作がもたらされるとされた。

一般に使われる「一人相撲」という言葉は、ここから来ていたのである。驚いた。

相撲を語源とする言葉が、二十一世紀の今も慣用句として生きている。相撲がいかに長く日本人の暮らしとともにあったかがうかがえる。

決まり手から派生した言葉

「押しが強い」の他にも、「決まり手」や「技」「動き」などから出た慣用句が数多くある。「あごが上がる」もそうだ。私たちは「たまにランニングやったら、すぐあごが上がっちゃってさ。鍛《きた》え直さないと」などと言う。相撲は「あごを引く」ことが基本。だが、相手の攻めに耐えられないと、あごが上がって攻撃できなくなる。ここから「相手が手強《てごわ》くて自分が耐えられない状態」としての慣用句だ。

「懐《ふところ》が深い」もある。「上司が懐が深い人で、俺、ホントに救われた」などとよく使う。一般には「包容力がある」という意味だが、相撲の場合は、対戦相手から見て背が高く、腕が長い力士を指すことが多い。こういう力士は、対戦相手にとってマワシが遠くにあり、つかみにくい。寄りも投げも効きにくい。大鵬《たいほう》や貴乃花、白鵬《はくほう》など懐が深い力士は、相手がどう出て来ようが、余裕で動じない。その意味では「包容力」につながると言える。

「勇《いさ》み足」も一般的だ。これは相撲の決まり手と見られがちだが、決まり手八二手の中にはない。「非技」といって自分の一方的な動きで負ける際の判定である。「勇み足」は字の通り、勇んで勢いに乗ってしまい、自分の足が相手より先に土俵から出てしまう負け方だ。

一般社会でも「勢い余ってやりすぎて失敗すること」を言う。「彼女、まんざらでもないって顔したからプロポーズしたんだけど……勇み足だったな」などと使われ、相撲の技と重なる。

非技としては、「腰砕《こしくだ》け」もある。これは名古屋場所一三日目、横綱白鵬と大関豪栄道《ごうえいどう》の一番で出た。立ち合いと同時に白鵬が張ろうとした直前、豪栄道の腰が砕けて倒れてしまった。白鵬が何もやっていないのにだ。バランスを崩したのか、絵に描いたような「腰砕け」だった。

そして、私たちは「肩すかし」もよく使う。例えば「もっと豪華《ごうか》な昼食会だと思って、スーツにネクタイで行ったら、どってことないランチだよ。とんだ肩すかし食ったよ」などと言う。これは相撲の決まり手のひとつで、立ち合いと同時に前に出て行くように見せかけ、体を横に開いて相手の肩をはたき、引き倒す。相手は出てくると思っていたのに、「とんだ肩すかし」だったわけだ。

また、「いなす」もある。突進《とっしん》してくる相手に対して体を開いて避け、そらす技だ。これも相撲界独特の言葉だが、今や一般社会でも「適当にあしらう」という意味で当たり前に使われる。「理屈に合わない追求がしつこいんだよ。ま、うまくいなしといたけど」など言い、出てくる相手をうまくそらすという意味で相撲の語源に重なっている。「脇《わき》が甘い」もよく使われる。相撲では脇を固く締めていない状態を言う。脇がユルユルなので、相手が脇の下に手を入れやすく、攻められやすい。一般社会では「油断がある」という意味で使われることが多いが、印象的だったのは、何年か前に某政治家の女性スキャンダルが騒がれた時のことだ。妻はあわてず騒がず、一言「脇が甘いのよ」。みごとな正妻の弁だった。

また、「受けに回る」も一般的によく聞くだろう。何か重要な場に臨《のぞ》んだ人が、「十分に準備をしたし、うまくいくはずだった。でも、いざその場に立つと受けに回ってしまいました」などと言う。相撲では、「受け身になってしまい、攻めに欠ける状態」を言うので、まさに重なる。

さらに、「仕切り直す」もある。何かがうまく調整できなかった時、「仕切り直して、開催は来年にしないか」などと言う。相撲では、土俵上で両力士の呼吸が合わない時、いったん仕切ることをやめて立ち上がる。そして再び仕切る。ここから来ている。

さらに、「合宿の厳しさは聞いていたけど、初日から地獄《じごく》だよ。だけど、初日の地獄なんて序ノ口だった」などの「序ノ口」。一般には「始まったばかり」という意味で使うが、これは番付の最下位「序ノ口」から来ている。相撲人生が始まったばかりの地位である。

また「大先輩と仕事ができるチャンスをいただきました。胸を借りて、自分も必ず成長します」など「胸を借りる」も相撲から来ている。自分より上位の、あるいは強豪《きょうごう》の力士に稽古《けいこ》をつけてもらうことだ。一般社会でも謙遜《けんそん》を含めてよく使われる。

変わったところでは、「土左衛門《どざえもん》」がある。これは「水死体」を示す言葉だが、なぜ相撲が語源なのか。江戸相撲に成瀬川土左衛門という力士がいて、太ったアンコ型で色が白かったそうだ。その姿が、膨《ふく》れあがった水死体に似ているところから来ているとされる。

そういえば一般社会で、メタボの人を「アンコ」と言うのもよく聞く。

力士メンコ

少年たちが憧れた時代のスターたち

稀勢《きせ》の里《さと》が第七二代横綱に昇進した時、新聞社から新横綱についての原稿を依頼された。私は彼が本名の「萩原《はぎわら》」で取っていた頃からのファンであり、また、ある思いを持っていた。その思いは、わずか三行で書ける。原稿の最後にそれを書いた。

「彼はきっと、清廉《せいれん》で強くてやさしい昭和のメンコ絵のような、いい横綱になるだろう」

（「朝日新聞」二〇一七年一月二十四日付）

すると、この三行が、私自身も驚くほどの反響を呼んだのである。友人知人は電話やメールで、見知らぬ方々は手紙で、本当に全国から同感の意をいただいた。当然ながら、その圧倒的多くが、「メンコ絵」を知っている世代である。メンコ遊びに夢中になった世代だろう。

メンコ遊びは、昭和三十年代の少年たちにとって、身も心も熱くするゲームだった。遊びの両横綱は、おそらく「ベーゴマ廻《まわ》し」とメンコだったと思う。

メンコの遊び方は実にシンプルなもので、少年たちは自分のメンコを持って集まる。そして、平らな原っぱや地べたに、それぞれのメンコを置く。さらに一枚ずつを手にしており、置かれたメンコに叩《たた》きつける。そうすると、風圧なのか衝撃《しょうげき》なのか、相手のメンコがひっくり返って裏になる場合がある。

それをした少年は、裏返ったメンコをもらえる。この遊び方を「起こし」と呼んだが、少年たちは日暮れまで叩きつけ合っていた。勝負事なので、来る時は五枚しかなかったメンコを一〇枚にして、意気揚々《ようよう》と引き上げる子がいる。逆に、一〇枚の子が五枚にされると、くやしさと情けなさで泣きながら帰ったりだ。

メンコには丸形、角型、人型があり、厚紙で作られていた。大きさは大中小があって、その表側には絵が描かれていた。力士や力道山や赤胴《あかどう》鈴之助など、強い男が選ばれる。戦国武将や月光仮面やプロ野球選手、また銀幕の剣豪《けんごう》スターなどが描かれたものもあった。

だが、メンコというと力士を思う人が多いのではないか。当時の少年たちは、「強さへの憧《あこが》れ」として、力士を見ていたのだと思う。

であるから、自分のメンコ絵力士が負けることは、断じて許せない。どの少年も「明日は大鵬で行こう」とか「取っておきの双葉山《ふたばやま》を出してやる」などと寝床で思っただろう。私の家でも、三歳違いの弟が明日を期して、深夜までメンコに蠟《ろう》を塗《ぬ》っていた。蠟で補《ほ》強《きょう》して裏返らないようにするのだ。

メンコは漢字では「面子」と書く。これは「面子《めんつ》」から来たのだろうと思い込んでいた。最強の双葉山や大鵬が負けてはメンツが立たない。が、実は「小さい面」という意味だった。小さなメンコだが、強い面《かお》そのものということか。

面白いことに、強いだけの力士はメンコ絵にされない。

強いことは当然として、「絵になる」という雰囲気《ふんいき》が必要不可欠。その姿から充実した「心氣体《しんきたい》」が匂《にお》い立たねばならない。それを形作る「何か」が人の心をつかむ。

その「何か」は明言できないが、ダーティーな勝ち方をしない「清廉さ」だの、「気はやさしくて力持ち」の雰囲気だの、生い立ちのドラマだの、這《は》い上がった根性だの、さまざまあるだろう。それらが強さとともに、その力士の魅力を作っていないといけない。まったくメンコ絵になるのは大変なのだ。

私は間違いなく、稀勢の里にそれを感じた。久々にメンコ絵力士が出現したと思った。

新聞に寄せたわずか三行に、あんなにも反響があった。それは、多くの人々が「久々に」と感じたからだと思う。

令和の現役力士を思い浮かべてみても、メンコ絵になりそうな人は少ない。綱を張れば「朝乃山」「貴景勝」はあり得る。

若手では「琴ノ若」にはメンコ絵の雰囲気を感じる。むろん、もっともっと強くなり、辛酸《しんさん》も舐《な》めて立ち上がる経験もして、心氣体を充実させる必要がある。琴ノ若の祖父、横綱琴櫻《ことざくら》の土俵入り姿のメンコは、あたりを圧する力と華があったものだ。

過去にメンコ絵になった力士たち、たとえば双葉山、照國《てるくに》、栃錦《とちにしき》、若乃花、大鵬、柏戸《かしわど》をはじめとする彼らには、共通点がある。すでにメンコ遊びがすたれた今、絵にはなっていないが、稀勢の里にも共通する。

フランス文学者の宮本徳蔵が、『相撲変幻《へんげん》』（ベースボール・マガジン社）に書いている文章がまさにそれだ。もちろん、宮本はメンコ絵について書いたのではなく、横綱という力士に要求されるものについてである。「並みはずれた体力やテクニックばかりではない」として、

「国民の共同幻想に支えられたその地位と自己とを一体化できる、或る種のカリスマ的能

力が必要なのだ」

　と断じている。

　これは、メンコの面として選ばれる力士の条件に、重ならないか。「国民の共同幻想に支えられた地位」、宮本は横綱という地位はそういうものだという。「国民の共同幻想」、何と恐い言葉だろう。これを満たすのは、人間を超えている。よく「横綱は強いだけではダメだ。精神面でも立派であるべきだ」などと言われる。この「精神面」とは、具体的に何なのかと疑問を持つ人は多いと思う。

　私は「国民の共同幻想」の対象になっているか否かだと考える。こうなると、強さだけではダメだとよくわかる。「勝ちゃ文句ねぇだろ横綱」や「張り手とプロレス技横綱」、さらには「相手への敬意欠如《けつじょ》横綱」、「規範《きはん》犯し横綱」等々、ダメな横綱はいくらでもいる。

　これらの横綱は、幾ら強かろうが優勝回数を増やそうが、決して「国民の共同幻想」の対象にはなり得ないのである。

名力士が纏《まと》うカリスマ性の正体？

さらに、宮本は、「国民の共同幻想」に支えられた地位と横綱自身を、一体化できることを唱《とな》えている。それを「或る種のカリスマ的能力」と言っている。

私はこれが、メンコ絵に選ばれる力士に重なってならない。そう考えると、なかなか出現しないことに納得がいく。もちろん、絵は常に横綱ということはなく、「カリスマ」とまではいかなくても、ふさわしい力士は描かれている。大関名寄岩《なよろいわ》や関脇大潮《おおしお》などもそうだ。

メンコは「たかが昭和のガキどもの遊び」ではあるが、そこに選ばれる力士たちは、やはり名誉なことだと思っていたのではないか。それこそ「心氣体」に折り紙がついた気がしたかもしれない。

宮本も同書で書いているが、

「古い時代の人びとは、現代のわれわれとは違って、『力の強さ』を個人の肉体に属するものとは考えず、何か超自然的な存在からの恩恵的プレゼントとみなす傾向があった」

その時代には、チカラビト（力士）とワザオギ（俳優）は、どちらもこの世の者ではないと考えられていた。どこか別の世界から遣《つか》わされた客人《マレビト》である。

宮本は、

「かれらはふだん他界に住んでいるのだが、一年のうちに何日か――正月、七夕《たなばた》、秋祭りといった機会にだけ村里をおとずれる。そして労働に疲れた人びとを慰《なぐさ》めるために、特設された土俵や舞台のうえで磨きぬかれた芸を披露《ひろう》する」

と書く。そして、

「(土俵や舞台への)花道こそはマレビトを天上からこの世へとみちびき、芸の終わったあとふたたび去らしめる神聖な通路――虹《にじ》の浮橋と見なされていた」

と続けている。

これは現在の大相撲に通用するまい。国際化され、文化の違う外国人力士がたくさんいる。花道でガムを嚙《か》む外国人力士が横綱審議委員会で問題になったこともある。また、時代とともに「職業」になり「スポーツ」の要素も強くなった。

だが、稀勢の里はメンコ絵にふさわしいと思う人たちが、現在でも数多くいる。彼が横綱昇進を決めた時の熱気は、まさに「国民の共同幻想」を感じさせるものだった。

髷《まげ》を結って素手で戦う大相撲、今後もメンコ絵になり得る力士を待望する。

雷電為右衛門

伝説の史上最強力士

「雷電為右衛門《らいでんためえもん》」という力士の名を、ほとんどの人は知っていると思う。江戸時代の寛政から文化にかけて、もうぶっちぎりの強さで土俵を独占した大関である。

雷電を語る時、「史上未曾有《みぞう》の最強力士」とか「大相撲史上、古今未曾有の超強豪《きょうごう》力士」とか、「未曾有」という言葉がよく使われる。それほど強かった。

力士生活二一年。江戸本場所を三六場所務め、現在とは場所数も日数も違うが、幕内通算成績は二五四勝一〇敗二分一四預。「分」は引き分けのこと。「預」は勝負がつかない場合、相撲会所（今で言う協会）がその勝負を預かってしまうものである。ともに今なら「取り直し」で決着をつける。

雷電は優勝相当の成績二五回のうち、全勝が七回、四四連勝を含むという驚異的なものであった（『相撲大事典』）。さらには、一一場所連続の優勝相当成績もある。あまりに強すぎて、得意技のテッポウ（今で言う突っ張り）、張り手、カンヌキを禁じられさえした。

ところが、今もって解けないミステリーがある。雷電は横綱になれなかったのだ。恐ろしいほどの強さでありながら、大関を二七場所も務めたまま、綱を張れなかった。考えられないことだ。

私はずっと以前に、テレビの時代劇ドラマの脚本依頼《いらい》を受けた。その時すぐに答えた。

「雷電を書きたい。劇的な人生を歩み、時代と真摯《しんし》に渡り合った最強力士です」

するとプロデューサーは、すぐに却下。演じられる俳優がいないと言うのだ。

実際、雷電は一九七センチ、一六九キロと伝えられている。そこまで大きな俳優である必要はないが、横綱谷風《たにかぜ》や小野川や、多くの力士たちが出る必要を考えると、私も引っ込まざるを得なかった。

雷電は明和四（一七六七）年、現在の長野県東御《とうみ》市の農家に生まれた。本名を関《せき》太郎吉《たろうきち》といい、十四歳の頃、現在の上田市の相撲道場に引き取られた。そして、同市の長昌寺が開設した寺子屋で読み書きソロバンを習った。非常に優秀な子供で、四書五経をも学んだという。

そして、十七歳で伊勢ノ海部屋に入門。後の横綱谷風梶《かじ》之助《のすけ》の内弟子として、英才教育を受けた。その後、向かうところ敵なし。天明八（一七八八）年には松江藩に召し抱えられ、雲州《うんしゅう》ゆかりの四股名《しこな》「雷電」を名乗ったのである。

その翌年には谷風と小野川が、同時に横綱免許を受けた。さらに翌年、雷電は西の関脇まで昇進。谷風が不在の時は、代理で興行《こうぎょう》の中心を務めるほどになっていたという。

読み書きができる人が少ない時代であり、力士とて大半はそうだった。しかし、その中にあって、雷電は有名な著作を二冊残している。『諸国相撲控帳《ひかえちょう》』と『萬《よろず》御用覚《おぼえ》帳』である。

これは雷電から数えて関家八代目の当主、関賢治が非常にいい状態で所蔵している。八代目の厚意により、郷土史家の田中邦文が、昭和五十八（一九八三）年に、二冊を一冊にまとめた。『雷電為右衛門旅日記』（銀河書房）である。

それを読むと、雷電の並外れた知性と教養に誰しも驚くだろう。旅日記という形を取りながら、当時の相撲社会を描写し、その流麗《りゅうれい》な墨《すみ》文字には圧倒される。ただ者ではない。

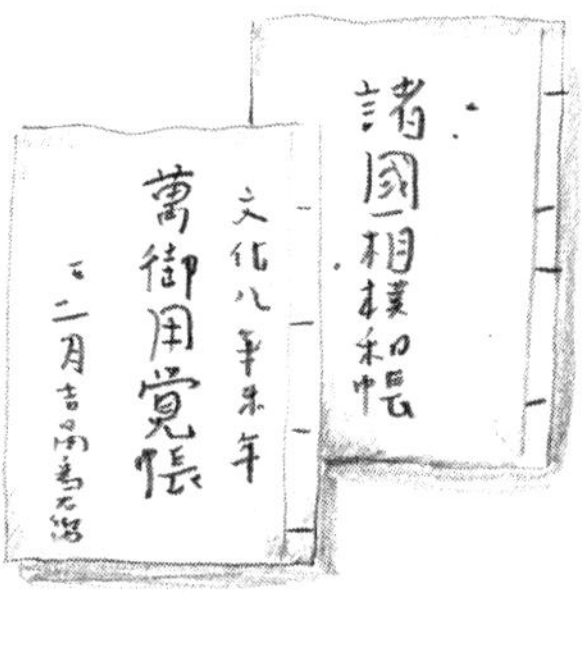

雷電は決して感情を顕《あら》わにする人間ではなかったが、たった一度だけ、その口悔しさが出たことがあった。それは寛政二（一七九〇）年、横綱三場所目の小野川と江戸大相撲で対戦した時のことだ。雷電の寄り倒しに、小野川がうっちゃりを掛けた。勝敗は大物言いの末に「預かり」になったのである。

勝っていたと思う雷電は、この時ばかりは耐《た》えられなかったのだろう。『諸国相撲控帳』に次のように書いている。

「相撲はんじょう致し、小の川もなげ候」

大観衆の前で投げたというのに、物言いの末、預かり。これは、横綱三場所目の小野川に相撲会所が配慮《はいりょ》したという疑念も言われる。小野川を抱える久留米藩と、横綱のメンツをつぶせなかったということか。

なぜ横綱になれなかったのか？

やがて谷風が死去、小野川が引退し、誰から見ても「雷電一強」の黄金期に入った。しかし、横綱の声はかからない。後世の人間は今も、そのミステリーを解こうとしている。

結果、多くの原因が挙げられるが、よく言われるのが次の二つ。

①自ら求めなかった説

雷電を抱える雲州松平家と、相撲司家を抱える肥後《ひご》細川家。その対立を考え、自ら横綱を求めなかった。

②容姿がよくない説

大名のお抱え力士は美男が好まれたらしい。今で言う「イケメン」を抱えることは、その大名のメンツに関わったそうだ。雷電の容姿は、その条件を満たしていないというものである。

ただ、今に残る絵を見ると、②は原因の決め手にはならない。

八代目当主は、「読売新聞」（二〇二〇年十一月二十五日付）で答えている。

「横綱の称号を求めれば大名家同士の力争いに自ら火をつけてしまう。それならばと当時、番付最高位の大関で十分と考えた。生涯わずか10個の黒星は、小結柏戸《かしわど》（後の大関）以外の負けは、全部平幕以下だ。たまに平幕に負けてやれば観衆は盛り上がる」

と雷電の人となりを語る。八代目の考えは①だろう。私も、権力者への忖度《そんたく》やアンフェアがまかり通っていた社会を考えると、①に信憑性《しんぴょうせい》を感じる。

一方、雷電は横綱制度が確立する前の力士なので、横綱に推挙《すいきょ》されなくても不思議はないとされる説もある。「横綱」という名称が番付に載った日を「制度の確立」と考えると、それは明治二十三（一八九〇）年。確立以前に同時昇進した第四代谷風と第五代小野川。そして第一六代西ノ海まで、確立以前に一〇人もの横綱が誕生している。雷電が横綱にならない理由にはならない。

私は①に加え、雷電の未曾有の強さ、高い教養人という文武両道が、関係者に好かれなかったことも一因ではないかと思う。得意技を禁じられても勝ち、みごとな文字で巡業《じゅんぎょう》日記までつける。そんな雷電はうっとうしく、いわば飼い殺しにされた。それは一因にならないか。

あの書籍二冊は、実は他人が書いたと、今も言われる。だが『雷電為右衛門旅日記』（銀河書房）の著者田中邦文は、雷電でなければ関与できない事項から、本人の手によるものだと断じている。

興味深いのは、享和元（一八〇一）年の日記である。

「大社にて千家様にて土俵入相撲取り申し候」

作家の小島貞二は「出雲の国造《こうそう》が用意した注連縄《しめなわ》を付けて土俵入りを披露した。『他言無用の横綱免許』だった」と推論しており、それを「読売新聞」で八代目が紹介している。

私が不思議なのは、なぜその「他言無用」の行為を、雷電自身が日記に書いたのかということだ。横綱になれなかったのに、秘《ひそ》かに土俵入りをする。それは本人のプライドを傷つけないか。しかし、雷電は土俵入りをし、かつ、書いた。

おそらく、日記が公になるものとは考えていなかったのかもしれない。また、横綱になるべき雷電を、そうしなかった社会、関係者への抗議《こうぎ》と怒りだったとも考えられる。

他方、雷電を横綱にしなかったことは、後世の関係者もずっと引っかかっていたように、私は感じてならない。

東京の富岡八幡宮の境内には「横綱力士碑《ひ》」がある。明治三十三（一九〇〇）年に建立《こんりゅう》され、歴代横綱と新横綱の名が刻まれる。ここになぜか「無類力士　雷電為右衛門」と刻まれているのである。横綱ではない力士を、横綱碑に刻むことは、絶対にありえない。

私は関係者の贖罪《しょくざい》を感じる。

理事長の割腹

国会での追及!!　追い詰められた理事長

令和二（二〇二〇）年八月二十八日、時の安倍晋三《あべしんぞう》首相が突然、退陣を表明した。持病の悪化が主たる理由だった。すぐに、後継者たる自民党新総裁《そうさい》を選ぶ必要がある。本来ならば、全国の自民党員、党友の一斉投票で決める。だが、それは時間がかかる。総裁不在の「政治的空白を作ってはならない」として、簡略な方法が取られた。

そして九月十六日には菅義偉《すがよしひで》が第九九代内閣総理大臣に就任。安倍の退陣表明から、わずか一九日後のことである。

政治の世界のみならず、民間組織でも「トップの空白」は何としても避《さ》けようとする。

私が真っ先に思い浮かべたのは、相撲協会の出羽海《でわのうみ》理事長（第三一代横綱常ノ花）の割腹《かっぷく》事件だった。昭和三十二（一九五七）年五月四日のことだ。

割腹事件が起こる二カ月ほど前、三月二日のことである。財団法人日本相撲協会の経営体質が、衆議院予算委員会で問題になった。「財団法人」は営利を追求してはならない。そのため、税制などに優遇措置《ゆうぐうそち》が取られている。なのに、「相撲協会は儲《もう》けているではないか」と追及されたのである。確かに興行としての営利はある。中でも、問題になったのは「茶屋制度《ちゃやせいど》」だった。茶屋はチケットや場内での飲食物、土産品《みやげ》などを独占して扱っている。つまり、大きな利益を上げているという指摘だ。

協会は追及された問題点に関し、改革案をすぐにまとめて提出。ところが、今度は衆議院文教委員会が問題にし、協会関係者からは武蔵川《むさしがわ》理事（元前頭出羽ノ花）と他三名が国会に出向いた。出羽海理事長は体調不良で欠席したが、キレ者の武蔵川理事は堂々たる弁舌《べんぜつ》を展開。議員たちが圧倒されたという。

茶屋と相撲界は、景気が悪い時も良い時も、互助的《ごじょてき》に強く支え合ってきた。簡単には切れない絆《きずな》がある。だが、茶屋に営利が絡《から》んでいることも確かである。財団法人と茶屋制度の並立は、非常に難しい問題なのだ。文教委員会でのやり取りは、六時間にも及《およ》んだと『武蔵川回顧録』（ベースボール・マガジン社）は書く。

しかし、文教委員会は灘尾弘吉《なだおひろきち》文部大臣に「相撲専修学校」の設立や「茶屋制度をなるべく廃止」等々の改善案を答申。大ごとである。出羽海理事長率《ひき》いる相撲協会は、抜き差しならない局面に立たされてしまった（この文教委員会での衆議院議員とのやり取りは前述の書に詳《くわ》しい）。

この文教委に出席できなかった出羽海理事長に、武蔵川はこと細かに事態を報告。そして、武蔵川が中心となって理事長をサポートし、この問題に懸命《けんめい》に取り組み始めた。

事件はその最中《さなか》に起こった。文教委から一カ月ほど経った五月四日のことである。「国技館内一階の取締室《とりしまりしつ》付近がガス臭《くさ》い」と騒《さわ》ぎがあった。事務員が行ってみると、ガス栓《せん》が開かれていた。そして、理事長が鮮血《せんけつ》を飛び散らして座っていた。

事務員から急を聞いた武蔵川が駆《か》けつけると、理事長はヨロイ通しで「どてっ腹をえぐったあと、ノドを突いた……」（「二十二代庄之助一代記」和菓子司・萬祝処 庄之助ＨＰ）ということだった。

『武蔵川回顧録』は、この辺りの様子がナマナマしい。

「坐《すわ》ったままの理事長は鮮血を辺りに散らしたまま、右手に持ったヨロイ通しをまた首に突き立てようとしている」

ヨロイ通しとは、「戦場で敵を組みしいたとき、相手をさすのに使った短刀」（『角川国語辞典』）。鎧《よろい》をも通すほどの短刀なのだろう。

武蔵川はまだ意識があると感じ、理事長の頬《ほお》を張った。そして強引にヨロイ通しを取り上げようとした。だが理事長は離さず、つぶやいたという。

「このままにしておいてくれ……」

この後、ヨロイ通しは取りあげられ、救急搬送《きゅうきゅうはんそう》された。結果、自決は未遂《みすい》に終わった。

前述の書によると、理事長は衆議院の度重なる改革要求を非常に気に病み、責任を痛感《つうかん》していたらしい。たしなむウイスキーの量も増え、不眠でイライラし通しだったという。

“生き恥をさらせない”

『武蔵川回顧録』ではこれらに加え、かつての同志への口惜しさが、一因ではないかと書いている。

文教委では、かつての同志が意見を述べている。相撲協会の元理事で理事長補佐として一四年間やってきた人である。彼はかつて、協会運営のために苦楽をともにして来ていた。

すでに辞めていたが、相撲協会の過去の様子を述べた。『武蔵川回顧録』に、その全文が出ているが、たとえば次のようだ。

「財団法人たる責務を果すということが第一の相撲協会のなす仕事だと自分は感じておるものであります。その法人事業に対しては、理事会の機会あるごとに自分は終始述べたにもかかわらず、何らこれに反響がないのであります」

そして、角界は「小学校卒業程度の教養と、何ら社会的素養を持たず」という集団だと語る。また、いわゆる「ごっつあん体質」についても触れている。さらに、今回の衆議院を巻き込むほどの問題であっても、

「さほどに大きく感じていないということを断言できると思います」

と語った。そういう中にあって、元理事長補佐の彼は、「指導部」の重要性を訴えてきたことを明かしている。それなのに、出羽海理事長は、彼の姿勢や考え方について、立ち話で、

「協会は、営利団体であるから一銭の金も社会事業に消費できない、同時に指導部は解消するから承知してくれ」

と言って、解決してしまったという。元理事長補佐は、このような団体にいることをい

さぎよしとせず、辞めたと語った。

これに対しては、同書で武蔵川が一つひとつに具体的に反論。元理事長補佐は「私憤《しふん》を晴らしている」と断じている。そのどちらが正しいのかわからない。だが、元同志の言うなれば「反逆」の言葉は、出羽海理事長には相当こたえただろう。そうでなくとも眠れず、酒量が増えているのだ。まして、出羽海が立ち話であれハッキリと「協会は営利団体である」と言ったとして、それを文教委で明かされては、どうにもならない。

組織のトップとして、国技大相撲を伝承する最高責任者として、追い詰められただろう。私の想像だが、「生き恥《はじ》をさらせない」と思い、力の武士《もののふ》「力士」としては割腹が最もふさわしいと思ったのではないか。

私は以前に、腹を切った短刀は「立行司の脇差《わきざ》し」とも「相撲博物館の展示物」とも聞いていた。だが、いくら理事長でも、それらを簡単に持ち出せまい。ずっと疑問だった。しかし、前出の「二十二代庄之助一代記」に、当時の記録が出ていた。

五月四日の十時五〇分、理事長は相撲博物館を、事務員に開けさせた。そして、横綱常陸山《ひたちやま》（自身の大恩人で、先々代出羽海）と横綱梅ケ谷が左四つに取組んでいる銅像の前に立ち、しばらく動かなかった。その後、陳列《ちんれつ》室に入ると展示物のヨロイ通しを手に取り、

「だいぶさびてるな。とぎに出したいんだが……借りていくよ」と事務員に言った。

こうして持ち出し、一人で取締役応接室へ。その後、出前のウナギを運んで行った事務員は、書き物をしている出羽海の姿を見ている。夫人や弟子の横綱千代の山、取締役一同、在京理事宛《あ》て四通の遺書《いしょ》が残されていたというので、それを書いていたのかと想像する。

やがてウイスキーを飲み、ガス栓を開いた。そして刃渡《はわた》り二四センチのヨロイ通しを体に当てた。

一時、生命は絶望視されていたが、持ち直した。しかし、その情報はまたたく間に広がり、世間の不興《ふきょう》を買った。武蔵川は、

「新しい指導者、すなわち新理事長の選任は、この際第一の急務である」

として、緊急理事会を招集《しょうしゅう》。何と割腹事件の二日後、五月六日には、時津風《ときつかぜ》（第三五代横綱双葉山《ふたばやま》）を新理事長に選任。ただちに時津風体制が動き出した。やがて、部屋別総当たり制、年六場所制など数々の改革を打ち出していく。

「空白を作らないこと」が、組織の痛手《いたで》を最小限に抑《おさ》える。相撲協会は「社会的素養を持たず」の集団どころか、そのビジネスセンスはみごとなものである。

三章　品格

——相撲独自の美意識

心氣体

心技体は新語？　なぜ〝技〟に変わった？

大横綱大鵬幸喜《たいほうこうき》の孫、納谷幸之介《なやこうのすけ》が「王鵬《おうほう》幸之介」と名乗ることになった。令和三（二〇二一）年初場所（一月場所）の十両昇進を決めたことによる。

『大相撲ジャーナル』の一月号では、この四股名《しこな》は師匠の大嶽《おおたけ》親方がつけたものである。親方は納谷について「我が道を行く落ち着いた感じで、風貌《ふうぼう》が『王鵬』だった」と語っている。

本人も「祖父の『鵬』の字を頂けるということで、すごくうれしいです」と言い、「見合った人間になれるように頑張ります」と決意をコメントしている。

祖父に加え、父が元関脇貴闘力《たかとうりき》という重圧は大きいだろう。だが、私が友人たちに、「でも、コメントからも心氣体を備えるぞ！という思いが伝わってくるわよね」

と言うと、みんなが「？」となった。そして一人があきれたように言った。

「シンキタイじゃなくて心技体だろ。元横綱審議委員ともあろう者が」

そうなのだ。現在は「心技体」の方が一般的であり、ずっとよく知られている。だが、相撲においては本来「心氣体」なのである。

「心技体」の場合、精神と技術と身体を充実させることだ。これは、あらゆる仕事や人間のあり方などにも使われる。

一方、「心氣体」は多くの資料に、

「心を修め、氣を養い、体を整う」

と出ている。「氣」が重要視されていることは、まさに相撲道である。『相撲大事典』には、次の教訓があった。

「心静ならざれば敵の動静を察知すること能《あた》わず、気鋭かざれば業《わざ》も通ぜず、力及ばざれば敵を屈せしめることできず」

この「業」は「技」の意味だろう。気が充実していないと、技も通用しないということだ。そう考えると「心技体」ではなく「心氣体」の重みがわかる。

また、柔術でも「心氣体」を使っており、『柔道大事典』（アテネ書房）には、

「心が動いて気となり、気が体を動かす」
とある。これも心と氣と体のつながりがわかる。相撲道、柔道の他に、おそらく弓道、剣道、合気道、茶道、華道等、「道」のつく教えには「氣」が非常に大きいのではないか。

実際、『相撲大事典』には「心技体」という項目がない。これほど一般的になった言葉であるのに、ない。「心・気・体」はあり、その末尾に、

「また、相撲でも『心・技・体』を『心を修め、技を養い、体を整う』の意味で使うことがある」

と書き加えてあるだけだ。この文章から、特に「相撲でも」とする言葉から、「本来は心氣体である」という矜持《きょうじ》が伝わってくる。

ではなぜ、こんなにも「心技体」が一般的になったのか。いつからそうなったのか。吉武克敏の、令和二（二〇二〇）年の講演録（「禮典研究會々報」第一六号）がとてもわかりやすい。吉武は、相撲宗家吉田司家《よしだつかさけ》上見締役であり、一味清風会《いちみせいふうかい》代表でもある。

「皆さんは、たぶん『心技体』といわれていると思います。本来は『心氣体』です」

と明言した後、次のように解説している。

「なぜ『技』に変わったかというと、戦後ですが、大鵬と柏戸《かしわど》が横綱になりましたときに、

大野伴睦《ばんぼく》という大物の政治家がおりまして、この人が『これからはスポーツだ。技術が大事だ』ということで、化粧回し《けしょうまわし》に『心技体』と書いて二人に贈呈《ぞうてい》したんです」

二人が横綱に昇進したのは、昭和三十六（一九六一）年十月である。つまり、「心技体」はそれまではなかった言葉だと考えられる。

相撲に対し、「これからはスポーツだ」と言い切ることに、納得できない親方や好角家はいたのではないか。だが「大野伴睦」が相手では、口にできなかっただろう。

吉武は続けている。

「それからなぜか徐々に、相撲解説者やアナウンサーの人たちが『心技体』といい始めました。代々国技として伝わっているものは『心氣体』です。心を整え、氣を養い、体を鍛え、賞金を感謝していただく」

そして、賞金を受ける際の手刀《てがたな》について語っている。その時は、五本の指を一直線に伸ばす。これを刀と見なし、左・右・中の順に動かし、賞金を受ける。

私はこの講演録を読んで初めて、懸賞金を受ける際の手刀も「心氣体」に関係するのだと知った。

一般には、五穀の守り三神に感謝を捧げる所作とされる。左が神産巣日神《かみむすびのかみ》、右が高御産《たかみむ》巣日神《すびのかみ》、中が天御中主神《あまのみなかぬしのかみ》である。

だが、吉武は手刀について、

「意味がわかってないんですね」

として、賞金をいただく際の心氣体について触れている。

「ですから、『やったー』と勝ち誇ることではなくて、謙虚に自分を戒《いまし》める所作になります。心を整え、氣を養い、体を鍛え、感謝して（賞金を）いただくというのが、本来の『手刀』の所作になります」

これは確かに納得できる説である。「心氣体」のもと、謙虚に自分を戒めて三神に感謝を捧げると考えていいのではないか。

「氣」を成す原動力は「米」

さらに、この講演会では場内から非常に興味深い質問が出ている。

「『氣』という字の中が『米』になっているのが、今は「〆」という字に変わったのですけど、何かいわれがあるのでしょうか」

私は単に旧字体が、常用漢字として新しい字体になったのだと思っており、この質問にはちょっと驚いた。「學」が「学」となったり、「驛」が「駅」となったりしたのと同じだろう。いわれは考えられない。

吉武はいわれについて「私もわかりません」とした後で、答えている。

「双葉山は、自分の色紙には『心氣體』と書いています」

私が「ほら、やっぱり単に旧字体でしょ」と思っていると、非常に面白い解釈を披露《ひろう》した。

「お米というのは、日本人にとって『氣』そのものです。日本のオリンピック選手や、テニスの伊達公子さんなどもよくいってましたけど、元気が出るのは、おにぎりを持っていって食べているからだそうです。おにぎりを食べたら、エネルギーに転換しやすいそうです。水泳の方も、お米をよく食べるといっています。だから、ぜひ子どもさんに一日一回はお米を食べさせていただければと思います。お米というのは、それだけ日本にとって大事なものです。お酒もそうですけどね」

これはおそらく吉武の自説であろうし、私も初めて聞いたが、興味深かった。「氣」の中心にあるのは「米」であり、米は「氣」を成す原動力だということだろう。

そして、日本にとって酒も大事だという。これは、米から醸造《じょうぞう》される日本酒のことであり、ウイスキーやワインを指してはいない。やはり、米によって「氣」を成すものということだろうか。

その時、私がふと思い出したのは「神饌《しんせん》」だった。神に供える飲食物のことであり、「鎮《しず》め物」とも「御饌《みけ》」とも言われる。

土俵の場合、中央に一五センチ四方の穴があいている。本場所初日の前日、土俵祭りではここに神に捧げる食物を入れる。昆布、スルメ、勝栗、塩、かやの実、そして洗い米だ。この神饌の入った穴を取り囲むようにして、七本の白幣《はくへい》を立てる。この白幣に神が乗り移るのである。

さらに二台の三方が置かれ、そこには神酒《みき》の瓶子《へいし》が載っている。神酒は日本酒である。土俵祭りでの数々の鎮め物は、土俵の安泰を願って埋められるものだが、この通り米が入っている。日本酒が供えられている。神への捧げ物と土俵の中央に、「氣」の中心となる米が埋められている。相撲道において「心氣体」なのだと納得できるのではないか。

王鵬は祖父大鵬の「心氣体」を、しっかりと受け継ぐ決意だと思う。

相撲力

腕力に劣る双葉山の真骨頂

「相撲力《すもうぢから》」という言葉を、聞いたことがあるだろうか。

横綱双葉山《ふたばやま》を語る時、関係者は必ずと言っていいほど「相撲力があった」と口にする。

一方、テレビ中継で解説者が、

「この力士は相撲力がありますね」

と言うのは、私は聞いたことがない。それほどまでに、「相撲力」は何か稀有《けう》な力らしい。

いったいどんなものなのか。

初めて聞いたのはずい分昔のことで、気になって調べた記憶がある。しかし、事典の類にはこの項目がなかったりする。書籍を読んでも、結局はよくわからない。

相撲界には、たとえば「懐《ふところ》が深い」とか「腰が重い」とか、理解の難しい言葉がある。

これは実際に相撲を取って初めてわかることなのだろう。ところが面白いことに、経験した人たちでも説明は難しいらしい。たっぷりした柔らかい体の力士がみんな「懐が深い」わけではないし、巨漢力士なら誰でも「腰が重い」というものでもない。

そんな中でも、この「相撲力」は最も理解不能な言葉ではないだろうか。それは体力でも技術でも腕力でもないようだ。精神力などの心に関わる状態とも関係なく思える。不思議な言葉である。

すると、つい一年前のことである。私は毎月『月刊武道』（日本武道館）を読んでいるのだが、令和二（二〇二〇）年三月号が「相撲力」について詳しく解説していた。調べている時には全然見つからず、何十年も経ってから見つかったりするのが面白い。

それは「四股探求の旅」というコラムの「相撲力その2〜双葉山の相撲力を探る」に書かれていた。解説は高砂《たかさご》部屋マネージャーの松田哲博（元力士の一ノ矢）である。

一ノ矢については、ご記憶の方も多いと思う。相撲界始まって以来の、国立大学出身力士として脚光を浴びた。平成十九（二〇〇七）年の引退時は四十六歳であり、それは昭和以降の最高齢だった。松田は琉球《りゅうきゅう》大学理学部物理学科を卒業。物理学の専門家だけに、「相撲力」の解説には説得力がある。

同誌には次のようにある。

「腕相撲をやらせたら弱い方だったという双葉山は、『相撲力』を腰と下腹から出てくる力、体全体から出てくる力だと語っています。数値には表せないが故に、わかりにくい相撲力とはどういう力なのか」

松田は双葉山を「当時の幕内力士の中でも非力の代表格」とし、

「ところが、相撲を取ると相手をいとも簡単に放り投げてしまいます。腕力と相撲力は別のものだと語る双葉山」

と書く。そして、腕力に劣《おと》る双葉山が使った相撲力について、明言している。

「まったく力みがないことです。控えに座っているときはもちろん、四股《しこ》を踏むとき、蹲《そん》踞《きょ》で相手と対面するとき、立ち上がって腰を割り仕切るとき、その一連の動作は力みなく自然に繰り返されます」

相撲に限らず多くの勝負事でも、うまくいかなかった時に、「つい力んでしまった」というコメントはよく聞く。まして、自分に大きな期待を寄せられている時など、体にも心にも力みが出るものだろう。

「相撲力」を作る大きな要素は「力まない」ことなのだ。ならば、どうやったら力まないでいられるのか。

同書には重力ベクトルとか抗力《こうりょく》ベクトルとかが書かれている。理系に関する理解力はゼロの私であり、難解なのだが、松田は具体的に「体をゆるめること」をあげている。体をゆるめることで、力まなくなる。結果、相手は重心を捉えづらくなり、持ち上げにくくなる。

それを面白い例で示している。

「同じ30kgの重さでも、バーベルと水袋では持ち難《にく》さが大きく違ってきます」

そして別の例もあげる。

「同じ大きさと重さで中身がぎっしり入った段ボールでも、しっかりした固い段ボールは運びやすいのですが、今にも中身が飛び出しそうなボロボロの段ボールは持ち上げるだけでも難儀します」

つまり、双葉山は体を、水袋やボロボロの段ボールのようにゆるめている。そのため、「相手力士は、押せそうで押せない、つかみどころのない感覚を持ったのではないでしょうか」

と続けている。

同じ体重でも、相手が感じる重さの違いは、私たちも身近に感じる場合がある。松田は、酔《よ》っ払いや寝た子を背負う例をあげており、これはとてもわかりやすい。

立つことも歩くことも不可能な泥酔者《でいすいしゃ》を背負うと、その重さは普段とは比べられない。また、ぐっすりと眠っている子供をおんぶすると、その重いこと！　彼らは期せずして力まず、体をゆるめて水袋やボロボロの段ボールになっているわけだ。

五重塔の免震構造との驚くべき共通点⁉

『わが回想の双葉山定次』（小坂秀二、読売新聞社）の中で、大関の初代増位山が語っている体験は、双葉山の相撲力を物語っている。それは松田の解説を裏づける事実で、ドラマチックでさえある。

増位山は稽古《けいこ》でも、どうしても双葉山に勝てなかった。

「土俵を割らせようとして力を入れると、それこそ、物を捨てるように振り飛ばされました」

と、同書で語っている。すると、それを見た先輩力士が「土俵際まで詰めたら力を抜け」

とアドバイスした。が、うまく抜けない。それはそうだろう。あと一歩の土俵際まで攻めているのに、力を抜いたら負けると体が知っている。

ところがある日、双葉山との稽古中、うまく力が抜けた。すると増位山が何もしないのに、双葉山はドドッと下がって、羽目板にぶつかるほどの負け方をした。もう一番取ると、またもうまく力が抜けた。双葉山は土俵を割り、増位山は語っている。

「私は実に不思議なものだなぁと思いました。力を抜くと、こちらが何もしないのに、羽目板まで飛んでしまうのですから……」

その後、本場所では力を抜くことがうまくできなかったが、ある時、ついに内掛けで勝った。

「このときも、足を掛けて頑張っていたときは利かず、フッと足の力を抜いたら倒れたのです」

相撲力とは、力を入れることと逆なのだとわかる。

それを裏づける例を、松田はもうひとつあげている。

「双葉山の相撲で印象的なのが、踏ん張らないことです」

これには驚いた。「強豪《きょうごう》」とされる力士の大半は、踏ん張る力が強いのではないか。現役力士たちを思い浮かべてもわかる。「踏み込みがいい」というのは、最大級のほめ言葉のひとつだろう。

だが、双葉山は立ち合いで、

「スッと左手を出し、右足を半歩踏み込むだけです。（中略）激しい当たりや鋭い踏み込みは見られません」

ユーチューブで確認すると、確かにそうだ。私には確認不能だったが、「双葉山の足は踏ん張ることなく常に小刻みに動いています」と松田は書く。そして、これを「免震構造《めんしん》」だとする。

五重塔は長い日本の歴史の中において、一度も地震で倒壊したことがない。その一因として、「心柱《しんばしら》」と呼ばれる柱が一本、塔を貫いているからだという。それもきっちりと固定されているわけではなく、穴に嵌《は》め込むだけのゆるゆると滑《すべ》る構造。そのため、各階がずれ合い、揺れを最小限にする。つまり、「免震構造」になっているのだという。

松田には、五重塔と双葉山が重なったという。踏ん張らず、小刻みに足を動かしている状態とがだ。

「心柱が穴の中でゆるゆる滑るように足を土俵の上で滑らせ、相手の攻撃を最小限におさえ……」

知れば知るほど「相撲力」は誰にでもつくものではないとわかる。

だが、私たちは何か力みそうな場に立たされた時、「自分は今、水袋になっているか。ボロボロの段ボールになっているか」と考えることは、案外と効果があるかもしれない。

日常生活における「相撲力」である。

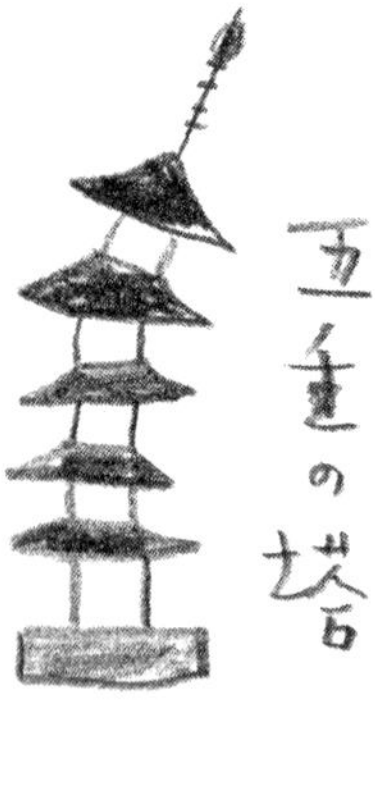

後の先

白鵬が憧れた伝説の力士

これは「ごのせん」と読むのだが、おそらく多くの方々が、一度は耳にしている言葉ではないだろうか。というのも、横綱白鵬《はくほう》が目標としている取り口として、何度もこの言葉を使っているからだ。

「後の先」は強い力士でないとできないし、まさしく横綱のものである。しかし、強いからといって簡単にできるものではない。あの双葉山が極《きわ》め、今も双葉山の代名詞である。双葉山のそれはみごとなもので、白鵬が憧《あこが》れて目標にするのもよくわかる。

私はモンゴル出身の白鵬が、よく「後の先」などという難しい概念《がいねん》を理解したものだと、まずそれにびっくりした。

とにかく、理解するのがとても難しい。

もともとは剣道用語であったが、『相撲大事典』には次のように書かれている。

「立ち合いで、相手を受けて立つように見えるが、実際には相手を制して先手を取ること」

これで理解できるだろうか。たぶん、取り口が浮かばないと思う。さらに同書は、

「一見して後れをとったように見えても、自分の立ち合いができている場合には不利にはならない」

と続けている。これでもよくわからない。

私がこの言葉を初めて知ったのは、確か高校生の時だった。どうにも理解できない。色々な本で調べても、やっぱりわからない。

その後、いつだったか、突然ひらめいた。

「先」を「主導権《しゅどうけん》」と置きかえればいいのだと。

これならすぐに理解できるはずである。

立ち合いと同時に、相手に主導権を握《にぎ》らせる。だが、それをたちどころにさばき、瞬時《しゅんじ》にして自分が主導権を握り、勝つ。

こういうことだと思う。

また、多くの資料には「後の先」の他に、「先《せん》の先」、「対《つい》の先」も出ている。これを知

ると、「後の先」の意味がより理解しやすい。

前出の『相撲大事典』には、次のように記されている。

「先の先」……相手が先手を取ろうとした瞬間に自分がそれを制して先手を取ること

「対の先」……相手が先手を取ろうとした瞬間に同時に自分も先手を取るべく動作すること

これを知ると、相手を有利にさせる「後の先」が、いかにすごいものであるかがわかる。心氣体（心技体）の心が大きく影響する。これこそ、横綱の矜持《きょうじ》であり、美意識であり、あるべき姿勢《しせい》だと思う。双葉山の代名詞というのもうなずける。

ところが、わかりにくいため、今でもよく誤解釈《ごかいしゃく》される。「後の先とは、相手十分に相撲を取らせておきながら、最後は自分が勝つ。要は横綱相撲のことだ」

まったく違う。これは横綱が格下相手に稽古をつける姿だろう。

私は現役時代の双葉山を知らない世代だが、その立ち合いの美しさは、観客も他の力士たちも圧倒《あっとう》されるものだったそうだ。

相撲にはスタートの合図がなく、お互いの呼吸が合ったところで立つ。相手の呼吸で立ってしまうと、自分が受けることになる。不利だ。そのため、「待った」をして呼吸を合わせ直したりする。

だが、双葉山は十分に腰を割って仕切り、相手の呼吸で受けて立ったという。当然ながら、立ち合いと同時に相手が主導権を握る。だが、そうさせておきながら瞬時にさばき、後で握った主導権により、勝つ。横綱のこういうあるべき姿を、一度でいいからナマで見たかったと思う。

私は自分の人生において、よかったことは力道山のナマを見たこと。くやしいことは双葉山とボクシングの白井義男のナマを見ていないことだ。不世出《ふせいしゅつ》の天才は、同時代を生きる人たちを幸せにする。力づける。

令和二（二〇二〇）年二月現在、優勝回数四三回という、やはり不世出の横綱白鵬が、「後の先」を目標とするのは、双葉山の高みにまで昇《のぼ》ろうと思えばこそだろう。白鵬ほどの強さと実績がない限り、口にしにくい言葉であるだけに、私はその自信と心意気をとても評価してきた。

かちあげ？　エルボー？

　ところが、現在の白鵬は「後の先」からはほど遠い。それどころか、横綱でありながら格下相手に「先の先」を打つような、私はそんな取り口を感じる。

『大相撲ジャーナル』の二〇一八年十一月号に非常に的確な言葉があった。これは連載「相撲にまつわる『ことわざ、言い回し』」（須藤靖貴）の中に引用されていた。ある相撲関係者が、白鵬の立ち合いに関し、次のように憤《いきどお》ったという。

「今の相撲は、白鵬の左手がついた瞬間に立ち合い成立という暗黙《あんもく》の了解になっている。あの大鵬も貴乃花も、立ち合いは五分《ぶ》で十分と思っていたのに、白鵬は百％自分の呼吸で立とうとする」

　確かにこれはテレビで見ていてもわかる。それに加え、立ち合いと同時に相手の頰《ほお》を張り、次の瞬間にエルボーをぶちかます。

「エルボー」とはプロレス技で、肘で相手の首、あごを一撃《いちげき》する荒っぽいものである。実際、遠藤は脳震盪《のうしんとう》を起こしたし、腰が砕《くだ》けてしまった力士もいる。

　白鵬自身は、これを「かちあげ」として、ルール違反ではないと答えている。確かに「かちあげ」は相撲の技であり、まったくルール違反ではない。私はプロレスもよく見るのだが、白鵬の技は「かちあげ」ではなく、「エルボー」としか思えない。エルボーは相撲ではルール違反、禁じ手であろう。

第五二代横綱北の富士と週刊誌で対談した折、その疑問をぶつけてみた。すると明確に答えている。

「たしかに、かちあげじゃないですよね、彼のはね」（『週刊朝日』二〇二〇年一月三十一日号）

横綱が格下相手に自分の呼吸で立ち、同時に頬を張り、エルボーをかます。これは横綱として非常にみっともなく、白鵬の目指す「後の先」とは対極《たいきょく》の姿である。

前述の『大相撲ジャーナル』には第六六代横綱若乃花（現・花田虎上《まさる》）が、白鵬の立ち合いを「ずるい」と指摘したことも書いている。

北の富士は白鵬について、次のように語っていた。

「最初は彼だって双葉山や大鵬さん目指してたわけだから。最後はやっぱり勝ちたいっていうほうが勝っちゃったんじゃないですか。もう手段を選ばない」

この言葉は、白鵬の心が座っていないことを示している。横綱が勝つことは必須《ひっす》だが、横綱が「手段を選ばない」ところまでいくか？　格下相手に平然と「先の先」で行く姿に拍手喝采《はくしゅかっさい》、惚《ほ》れ惚《ぼ》れする好角家はまずいまい。

この「エルボー」などを、横綱審議委員会から批判《ひはん》された時、白鵬は、「自分は自分の相撲をとるだけ。禁じ手ではない」と、意に介《かい》さなかったという（「読売新聞」二〇一九年十二月二十五日付）。

これは詭弁《きべん》である。「自分の相撲をとる」は力士にあるべき姿の言葉だ。しかし、張り手や禁じ手の「エルボー」を、その言葉で包みこむのは、横綱として恥じるべきである。もっとも白鵬は、「まだまだ若手の壁《かべ》にならないといけない」という思いも表明している。

現在、貴景勝《たかけいしょう》、朝乃山《あさのやま》の両者を先頭に、世代交代が一気に進みそうなだけに、白鵬のこの言葉は非常に頼《たの》もしく、土俵を活性化させる。

ならば、私はもはや「後の先」までは望まないから、せめて「対の先」で立ちはだかってほしい。禁じ手のプロレス技で、勝ちを拾《ひろ》っても、それを後進は壁とは思わないだろう。

強烈《きょうれつ》な押し相撲の貴景勝、スケールの大きな四つ相撲の朝乃山。白鵬は本当は「後の先」で彼らに勝つことこそ、壁なのだ。

ただ、体力的にも全盛期《ぜんせいき》のようではない今、もう一度「後の先」という心構えだけでも思い起こしてほしいと切に願う。

死に体・生き体

瞬時に生死を見極める行司の超人業《わざ》

「死《し》に体《たい》」という相撲用語は、一般社会でも時に使われる。おそらく、多くの人が耳にしたことがあるのではないか。

「俺、退職することにした。会社、死に体だもの」などと言う。「ほとんど死んでいる状態」「もはや元には戻れない状態」を示す。

一方、「生《い》き体」という相撲用語もある。これは一般社会ではあまり使われていないように思う。

「うちの会社ヤバイけど、まだ生き体だよ。必ず元に戻れる」

などは、あまり聞かない。「生き体」は「ほとんど死んでいる状態に見えるが、まだ逆転の可能性は残っている」という意味である。

「死に体」について、『相撲大事典』は次のように定義している。

「体の重心を失ったり復元力がなくなって逆転は不可能である、または、それ以上相撲は取れないと判断される体勢に陥《おちい》ったときをいう」

つまり、体には土がついていない。体の一部が土俵の外に出てもいない。だが、もはや相撲を取るのは不可能な体勢になっている。そのため、負けになる。

「死に体」を見極めるのは、非常に難しい。その見極めとして、多くの資料に次の三点が書かれている。

- **体が後方へ三〇度以上傾《かたむ》いている。**
- **つま先が上を向いている。**
- **足の裏《うら》が返っている。**

試してみるとわかるが、この形から相撲は絶対に取れない。

一方、「生き体」についての定義は次の通りだ（同書）。

「勝負がほとんど決まりかけたように見えても、まだ相手に対して抵抗《ていこう》することができ、逆転の可能性が残っていると判断される体勢のこと」

死にかかっているが、まだ逆転可能ということだ。「死に体」とは違い、足裏の一部や足の指が土俵内に残っていたり、俵《たわら》にかかっていたりする。この足を「生き足」と呼ぶ。

土俵際での激しく速い攻防《こうぼう》の中、行司は瞬時《しゅんじ》にして、生死を見極めねばならない。つま先だの足裏だの、三〇度の傾斜《けいしゃ》だのをあの激しい最中に見極めるのは、超人業である。

行司にはさらに難問が待つ。

「かばい手」と「つき手」である。

二つとも、土俵に手をついている姿は同じだ。だからわかりにくい。しかし、同じ手をついていても、それが「死に体」から出たものなのか。あるいは「生き体」から出たものなのか。それによって、勝敗が分かれる。

まず「かばい手」だが、重なり合って倒れた場合、下になったA力士はすでに「死に体」だったとする。そうすると、上になっているB力士が覆《おお》いかぶさる危険がある。死に体のA力士は何もできないので、覆いかぶさっては危険だ。

それを、上になったB力士が感じた時、どうするか。瞬時にして、自分が先に土俵に手をつく。「死に体」のA力士を怪我《けが》させないために、自分が早く手をついてかばうのである。

この場合、B力士は負けにならない。先に手をついたのは、相手をかばうための「かばい手」だからだ。

一方の「つき手」は、まったく違う。手をついている姿は同じだが、A力士が「生き体」である場合、B力士が先に手をつくと、それは「つき手」。先に手をついたことで、B力士の負けになる。A力士は反撃もゼロではない「生き体」だからだ。

行司はいかに大変か。まずは「死に体」か「生き体」かを判断する。それによって「かばい手」か「つき手」かの判断が違ってくる。

これは超人業であるだけに、物言いがつくことは珍《めずら》しくない。行司がA力士の「死に体」を認め、B力士の「かばい手」だと判断しても、勝負審判《しんぱん》はそう見ないことがある。協議の結果、「行司差し違え」としてひっくり返ったりする。

物議を醸《かも》した大一番！

今でも語り継がれるのは、昭和四十七（一九七二）年初場所の一番である。横綱北の富士と関脇貴ノ花、裁《さば》くのは立行司第二五代木村庄之助だった。

北の富士の外掛《そとが》けを、貴ノ花が弓なりになって耐《た》える。細くて筋肉質の貴ノ花であり、その弓なりの姿は実に美しい。

この状態から貴ノ花は上手投げを打った。上になった北の富士が、先に手をついた。庄之助はこれを「つき手」とした。つまり貴ノ花は「生き体」だったと判断した。先に手をついた北の富士の負けである。

ところが、物言いがついた。貴ノ花は「死に体」だというのである。上になっている北の富士は、貴ノ花を守るために「かばい手」を出したという解釈《かいしゃく》である。さんざん協議した結果、貴ノ花の体《たい》は死んでいたとなった。

行司差し違えで、北の富士の勝ち。世間から、大変な抗議《こうぎ》が寄せられたと聞く。私はこの一番をテレビで見ていない。だが、後にユーチューブで何度も見返した。あれは行司軍配《ぐんばい》通りで、北の富士の「つき手」だと思う。

もうひとつ、大問題の一番がある。平成十六（二〇〇四）年の名古屋場所（七月場所）のことだ。

前頭二枚目の琴ノ若《ことのわか》と、横綱朝青龍《あさしょうりゅう》が対戦した。朝青龍は横綱になって一年五カ月、速くて激しい相撲で破竹《はちく》の勢いだった。その強さといったら、破格である。一方の琴ノ若は当時の幕内《まくうち》で最年長。まわしを取ると力を発《はっ》揮《き》するのだが、この場所は中日《なかび》に朝青龍と当たるまで、一勝しかしていなかった。

二人の一番は、私はテレビの中継でしっかりと見ている。後にユーチューブでも確認した。

まわしを取った琴ノ若は、鮮やかに上手投げを決めた。朝青龍は腹が上になり、土俵の上スレスレのところで海老反《えびぞ》りになった。これは誰が見ても「死に体」である。この体勢では相撲を取れない。

が、朝青龍は自分も琴ノ若のまわしをつかんでいる。そして海老反りの死に体状態でも、決してそのまわしを離さなかった。

このままだと小さな朝青龍の腹に、巨漢《きょかん》の琴ノ若が覆いかぶさる。危険だ。琴ノ若はそれを

避けるために、咄嗟《とっさ》に自分から先に手をついた。「かばい手」である。

行司の木村庄之助も、すぐに琴ノ若に軍配を上げた。だが、物言いがついた。朝青龍は果たして「死に体」だったかという物言いだ。もし、朝青龍が「生き体」なら、琴ノ若は「かばい手」ではなく「つき手」となる。負けである。

私は物言いの最中に流れるビデオを見ながら、「かばい手」の判定は覆《くつがえ》らないと思っていた。明らかに、朝青龍は死に体だった。

ところが覆った。土俵上の審判団は「死に体」と「生き体」とで協議が紛糾《ふんきゅう》したという。結果、朝青龍が土俵に落ちるのと、琴ノ若の手がつくのを同時と見て、「同体《どうたい》取り直し」とした。そして、取り直しの一番で琴ノ若は負けた。

この一番にも、全国から協会やＮＨＫに抗議の電話が鳴りやまなかったという。私は当時、横綱審議委員だったので、委員会で協会幹部に抗議した。

「あれは行司軍配通りで、琴ノ若がかばい手で勝っていたと思いますが、あの死に体になっても、朝青龍が琴ノ若のまわしを離さなかった。これは大きな問題だと思います。中には『さすが勝負を捨てない姿』だとか『日本人にもあのハングリー精神が欲しい』だのと言う人がいるでしょう。ですが、それは違うと思います。あそこでまわしを離さなかったら、必ずつぶされる。だから、琴ノ若は先に手をついた。相手を守る『かばい手』は、日本の精神文化です。『勝ちゃ文句ねえだろ』の考えと正反対にあります。師匠《ししょう》は外国人にそれを教育していないのか。大相撲に流れる日本の精神文化に反し、日本の伝統文化でメシを食うことは、断じて許せません」

協会幹部の答えは確か「師匠に教育させます」というようなものだったと記憶《きおく》する。大相撲は「死に体」「生き体」「かばい手」「つき手」があることを、師匠は精神として教える必要がある。

そうでないと今に、日本語も日本の精神文化も消える。物言いの説明にしても、「レフェリーのジャッジは琴ノ若ですが、朝青龍はレームダックではないとオブジェクションがあり……」となりうる。それを「国際化」と言って許すなら、何が伝統文化だ。

三段構え

特別な時だけの伝統儀式

読者の中で、「三段構え」を実際に見た方はどれくらいおられるだろう。おそらく、非常に少ないのではないだろうか。私も見たことがない。とにかくめったにやらない。特別な時だけの伝統儀式で、いつやるのかもわからない。

相撲協会の関係者も見たことのない人が多いと、聞いてはいた。それを物語る逸話《いつわ》がある。平成二十八（二〇一六）年十月四日にやった時に、当時の春日野広報部長（元関脇・栃乃和歌）が、親方、力士、協会職員を集めて訓示しているのだ。

「伝統をつないでいくためにも、協会員は必ず見るように」（「毎日新聞」二〇一六年十月六日付夕刊）

何しろ国技館での三段構えは二一年ぶりである。訓示も当然だろう。三段構えが披露される「特別な時」とは、国技館開館式とか明治百年記念古式大相撲とかだ。天覧《てんらん》相撲や部屋開きなどで挙行されることもあるが、毎回ではない。

三段構えの格式の高さや、またどこか横綱土俵入りを思わせる所作から、「横綱土俵入りは、三段構えをもとにして生まれた」と言う人たちもいるそうだ。しかし、歴史は横綱土俵入りの方が古い。そのため、この言葉は正しくない。

昭和五（一九三〇）年に発行された『角觝《すもう》画談・虚実変化』（栗島狹衣他、教学院書房）には、「（三段構えは）『土俵入り』のやうな通俗《つうぞく》なものでなくて、尤《もっと》も典故《てんこ》を重んじた角觝道の儀式として、然るべき場合に執行されるのである」

と、格式の高さを明言している。

では、平然と二一年ぶりにやったりする三段構えとは、いったいどのようなものなのか。

まず、土俵上で二名の力士が向かい合う。二名は基本的には番付最高位の力士である。時に大関だったりもするが、圧倒的多くは横綱だ。

その力士二名によって、相撲における基本型を「上段」「中段」「下段」の三つの構えで表す。これが「三段構え」である。

三つの構えは、それぞれ「本然《ほんねん》の体」「攻撃《こうげき》の体」「防御《ぼうぎょ》の体」を示している。

上段の構え（本然の体）では、向かい合った二人が左右に足を開き、一方は右手を、もう一方は左手を、接する手前までまっすぐに伸ばす。もう片手は曲げて、乳の下につける。「本然」は「自然のままである」の意だ。二一年ぶりの会場では、「気迫」を表すとアナウンスされた。

この後、中段の構え（攻撃の体）が続く。両力士は、上段の構えよりも足を少し曲げて、腰を入れる。それぞれが左右の片腕も少し曲げ、もう一方の腕は横腹のあたりにつける。

次に下段の構え（防御の体）である。中段の構えから、さらに腰を入れて、少し曲げた左右の掌《てのひら》は開く。中段の時に横腹につけていた手は腹から離し、掌を開く。

この三つの構えを、向かい合った最高位の力士が演じる。そう聞くと「え？　たったそれだけ？」と驚く人がいると思う。

実際、「これだけ」なのだ。両力士が土俵に上がり、構えを演じて、土俵を降りる。その間は二分間足らずである。

私の友人などは「何か地味ね。何も横綱じゃなくたってできるんじゃない？」と言ってくれた。

とんでもない話である。「華やかさ」を一種の通俗と考えれば、三段構えは確かに地味である。見ていて面白味もない。だが、両者は相撲の基本である「阿吽《あうん》の呼吸」を合わせて、この型を演じている。

前出の『角觝画談』は書く。

「上段、中段、下段の三つに備はる呼吸《いき》の掛引は、呵《あ》と吐《は》けば呍《うん》と結ぶ――そこが卽《すなわ》ち虚と實との呼吸で、それを三つの形《かた》ちに仕別けたものが此構へである」

続けて、次のように断じた。

「この三つの構へをする間は、双方阿呍の呼吸を合せ、無形《むぎょう》の力を闘はして、靈能《れいのう》的に角觝道の眞《しん》諦《てい》をあらわすのだから、到底平凡な力士の執《と》り行へる儀式ではない」

二人の力士は目に見える戦いをするのではなく、ただ手足や腰の構えだけで、角觝道の神髄《しんずい》を表さ

ねばならないのだ。平凡な力士にできるものではないということが、非常に納得できる。

私は三段構えに以前から関心があったため、横綱審議委員の時、北の湖《うみ》理事長に聞いてみた。

北の湖は横綱時代に歴代最高の四回を務めている。委員会開始前の雑談の席だったが、言葉からも表情からも、その重責がわかる。

「何回やろうと、前日は緊張と責任感で眠れません。三段構えというのは、動きらしい動きはありませんし、短い時間です。なのにもう、汗びっしょりになるんです」

「両者はほとんど動かないのに、実は戦っているんだそうですね」

「そうです。相手の目も動きも、戦いそのものです」

「でも端からは、淡々と披露しているように見えます」

「そうでしょう。だけど、両者はものすごい気迫です」

次頁の表は、現在までの三段構えの一覧である。（坪田敦緒HP「相撲評論家之頁」）

これを見ても、「到底平凡な力士の執り行へる儀式ではない」とわかる。

起源については、横綱免許を与えるなど相撲司家の祖とされた吉田司家、その二三代吉田追風《おいかぜ》が考案したとする説が強い。追風は三段構えを、第一九代横綱常陸山《ひたちやま》と第二〇代横綱梅ケ谷に伝えたという。二人は明治三十六（一九〇三）年一月に横綱に同時昇進しているので、その後に生まれたものだろう。

相撲と演劇の共通性

三段構えは、よく「演ずる」と書かれたり言われる。『古今大相撲事典』（読売新聞社）にもそうある。そのため、私も下記の一覧表では「演者」としているが、それに疑問を感じる人も多いだろう。

しかし、民俗学者の折口信夫《おりくちしのぶ》は、相撲と演劇はもともと別のものではなかったとしている。

それを受け、フランス文学者の宮本徳蔵は『相撲変幻』の中で、折口説を証明するような浮世絵

過去の三段構え一覧

回	年	式典	演者
1	明治42年	両国国技館開館式	常陸山·梅ケ谷
2	明治43年	東宮殿下台覧相撲	梅ケ谷·常陸山
3	大正6年	肥後相撲館開館式	西ノ海·大錦
4	大正8年	大阪新世界国技館開館式	宮城山·大錦
5	大正9年	両国国技館再建開館式	栃木山·鳳
6	昭和5年	天覧相撲	宮城山·常ノ花
7	昭和6年	天覧相撲	玉錦·大ノ里
8	昭和9年	相撲祭	玉錦·武蔵山
9	昭和12年	大阪関目大国技館開館式	双葉山·清水川
10	昭和15年	建国2600年奉祝奉納相撲	男女ノ川·双葉山
11	昭和29年	蔵前国技館開館式	千代の山·鏡里
12	昭和32年	九州場所前夜祭	鏡里·吉葉山
13	昭和34年	時津風部屋道場開き	若乃花·栃錦
14	昭和37年	二所ノ関部屋土俵開き	大鵬·柏戸
15	昭和43年	明治百年記念古式大相撲	大鵬·柏戸
16	昭和44年	靖國神社創立百年奉祝大相撲	清國·琴櫻
17	昭和46年	蔵前国技館改修落成記念式典	玉の海·北の富士
18	昭和50年	三保ヶ関部屋土俵開き	増位山·北の湖
19	昭和52年	二子岳引退相撲	北の湖·輪島
20	昭和54年	安治川部屋土俵開き	輪島·若乃花
21	昭和56年	放駒部屋土俵開き	輪島·若乃花
22	昭和56年	九州場所前夜祭	千代の富士·北の
23	昭和60年	両国国技館開館式	千代の富士·北の
24	平成7年	報恩古式大相撲	貴乃花·曙
25	平成8年	伊勢神宮奉納相撲	貴乃花·曙
26	平成28年	大相撲beyond2020場所	日馬富士·鶴竜
27	平成29年	大相撲beyond2020場所	白鵬·稀勢の里

※坪田敦緒HP「相撲評論家之頁」
http://tsubotaa.la.coocan.jp/yokoki/yokoki23.htmlをもとに編集部

を挙げている。それは大名の江戸屋敷《やしき》に能楽堂があり、二人の男が舞台上で相撲を取っている絵だ。裁く行司もおり、満員。橋掛かりには、裸になった武士が出を待つ。

宮本はこの肉筆画を見たそうだが、そっくりの絵が松本市の日本浮世絵博物館の酒井コレクションにあるという。学研版『肉筆浮世絵撰集・上』にも出ていると紹介している。

なぜ能舞台で相撲を取るのか。折口が言うように、相撲はもともと演劇から発したものだからだ。宮本は同書で次のように書く。

「相撲はスポーツというより、むしろ一種の演芸として発生した。神と精霊との争いを物《もの》真似《まね》によって演じ、村々の稲が豊作であるように祈る。したがって、勝敗はどうでもよかった」

また、古代の力士は青草をまとって相撲を取った。宮本はこれを「薎霊《すられい》、もしくはクサヒトガタと呼ばれる人形を真似るパフォーマンス」と、折口説を紹介している。

奈良時代に始まった「相撲節会《すまいのせちえ》」にしても、相撲は歌舞音曲とともに、天覧に供している。以前にこのコラムに書いた「初《しょ》っ切り」もそうだが、相撲には儀式や演目などに演劇の名残が見える。

大相撲の伝統は、一筋縄ではいかない。

品　格

我流の土俵入り、エルボー、白鵬の所業

東京オリンピックの開会式（二〇二一年七月二十三日）で、「横綱白鵬の土俵入りは構想にない」と知った時、私は安堵《あんど》のあまり、しばしテーブルに突っ伏した。ずっと以前から白鵬は「東京オリンピックの開会式で、横綱土俵入りを披露したい」と公言してきた。日本の伝統文化を世界に発信する上で、ぜひ実現してほしいことである。土俵入りの本来の形であればだ。

白鵬の土俵入りは我流に崩し、その所作は見るに堪《た》えない。元日本相撲協会外部委員のやくみつるも幾度となく書いている通りだ。

歴代横綱、例えば大鵬、千代の富士、貴乃花の土俵入りを思い浮かべてほしい。また、双葉山の写真を見てもわかるのだが、そこには共通点がある。

歴代横綱の土俵入りは、「横綱とは客人《マレビト》なのだ」という香りをまとっている。どこか別の世界から遣《つか》わされた客人。この世の、普通の人間ではないという香りと品格。横綱の土俵入りは、まさしく彼らが異界の人であることを静かに示していた。

我流に崩した白鵬の土俵入りには、客人の香りも品格も、そして美のカケラもない。もしもこれを、オリンピックで世界に発信されたなら、恥《はじ》である。だが、大横綱の希望であるだけに、実現するのではないか。私は相撲協会の元幹部に、私の考えは間違っているかと手紙を書いた。

すぐに返事が届き、私と同感だと書かれていた。そして土俵入りに限らず、白鵬の多くの「相撲を無視した所業」には師匠が指導すべきだとあった。それはおそらく、審判《しんぱん》批判、また観客への万歳三唱や三本締めを促すこと、土俵上でのガッツポーズ、懸賞金《けんしょうきん》の品のない受け取り方等々を指すのだろう。そして、「師匠が指導できないなら、審判、理事長がすべきです」と結ばれていた。

だが、私は横綱審議委員を務めて痛感《つうかん》したのだが、協会は各部屋の師匠を指導することに、どうも躊躇《ちゅうちょ》がある。私は当時抱えていた諸問題について、かなり発言した。だが、協会からは「師匠は一国一城の主《あるじ》であり、協会は不可侵《ふかしん》だ」という内容の答えを幾度も受けた。

師匠が朝青龍や白鵬を指導できず、協会も不可侵。となれば、本人が暴走《ぼうそう》するのは道理。

しかし、白鵬において、土俵入りより問題になったのは、前述した「張り手とエルボー（プロレス技）」だろう。これには世間も不快感をあらわにした。本人は「張り手とかちあげ」と言い、それらはルール違反《いはん》の攻め《せ》方ではない。ただ、立ち合いと同時に相手の頬を張るや、肘を相手のアゴにぶつける技について、これは相撲の「かちあげ」ではないと、関係者も口をそろえた。『大相撲ジャーナル』二〇二〇年一月号の「角界随想録《ずいそう》」（荒井太郎）では、舞の海が「肘打ち」と名づけて、痛烈に批判している。また、同記事では三役経験も豊富な親方も語っている。

「かち上げではないですね。何か新しい技なんじゃないですか（苦笑）」

しかし、白鵬は意に介さない。そしてついに、令和二（二〇二〇）年十一月、横綱審議委員会が「引退勧告《かんこく》」の次に重い「注意」を決議。これは品格の問題もさることながら、休場に次ぐ休場に対するものでもあった。

さらには令和三（二〇二一）年大阪場所（三月場所）後、協会の第三者委員会「大相撲の継承発展を考える有識者会議」が、厳しい提言書を出した。そこには、一代年寄の制度そのものを問題視した上で、「名乗りを認める根拠《こんきょ》は見出されない」と見解があった。「一代年寄」とは現役時代に輝かしい実績を残した力士に認められるもので、引退後も一代だけ現役名のまま親方になれる。これまでに四人しかいない（大鵬、千代の富士、北の湖、貴乃花。千代の富士は辞退）。

白鵬が一代年寄を非常に望んでいたことは、これまでもさんざん報道されている。あくまでも私個人の考えだが、第三者委員会が制度そのものを問題視したという前提はあっても、白鵬は自分に対してこの見解は考えてもいなかったのではないか。優勝回数四五回をはじめ、不世出《ふせいしゅつ》の大横綱の自分。だからこそ、数々のことも見逃されている。そう思っていただろう。となると、どうしても相手を舐《な》める。与《くみ》しやすいと見下す。実際、横審の「注意」の後も休場を続けたし、かちあげ批判についても「自分は自分の相撲を取るだけ。禁じ手というものではないですからね」と答えている。

その「自分の相撲」が「横綱にふさわしい相撲」でないことに気づかぬ白鵬ではない。かつては双葉山が説く「後《ご》の先《せん》」をめざしていたのだ。これは前述した通り、「立ち合いで、相手を受けて立つように見えるが、実際には相手を制して先手を取ること」（『相撲大事典』）である。張ってすぐにプロレス技を食らわすという、恥ずべき取り口の、対極にある。

日本人の〝美醜〟を理解できなかった

白鵬はどこで道を踏み外したのか。どこで品格のない横綱になってしまったのか。その原因は数々あろうが、非常に頭のいい白鵬でも、次の心理を理解することは難しかったかもしれない。

それは数学者で作家の藤原正彦が「都知事の誤算《ごさん》」として『週刊新潮』の連載「管見妄語」に書いていた日本人の心理である（二〇一六年六月三十日号）。

都知事・舛添要一《ますぞえよういち》（当時）の辞任は、家族の温泉旅行や絵画購入や、大小さまざまな私的とされるものに公費を使い、都民と国民の激怒《げきど》につながった。だが、現実には政治資金規正法は、金の使い方には触れていないそうだ。家族旅行に使おうが法的に違反ではないことになる。

舛添は都議会の追及をも嘘《うそ》で逃《のが》れ、都民、国民の怒りはますます激しくなった。ついに辞任である。私は藤原の次の一文には目がさめた。

「頭のよいはずの彼なのに、日本人の善悪が、合法か不法かでなく美醜《びしゅう》、すなわちきれいか汚《きたな》いかで決まることを知らなかった。嘘をつく、強欲《ごうよく》、ずる賢い、卑怯《ひきょう》、信頼を裏切る、利己的、無慈悲、さもしい、あさましい、ふてぶてしい、あつかましい、えげつない、せこい……はすべて汚いのだ」

藤原は舛添について「日本人のこの道徳基準に無頓着《むとんちゃく》なまま、不法でなければ万事オーケーとばかりに自らを正当化しようとした」と書く。そして、この心理は白鵬のかちあげにも当てはまると藤原は続ける。いくらあれは相撲の「かちあげ」ではないとする人が多くても、それが公認される以上は禁じ手ではない。要は法に違反してはいないのである。そのため、藤原はこの戦法で勝つ横綱の、得意満面にも触れている。

また、白鵬は立ち合いでよく変化する。むろん、これも合法である。藤原は次のように書く。

「『かち上げ』や『変わる』のが評判《ひょうばん》悪いのは、横綱としての品格に欠けた技、すなわち汚い技だからだ。大相撲の頂点に立つ横綱は正々堂々と相手を受け美しい技で勝って欲しい、との思いがファンにはある。日本人が善悪の判断を、美醜で決めていることが白鵬には理解できないのだ」

これがすべてだと私は思った。

そして今、白鵬は突然の引退を表明した。同時に日本相撲協会の理事会は誓約書《せいやくしょ》を渡し、署名《しょめい》を要求。協会の一員として、また新親方として、伝統文化や相撲道等々、守るべき項目を羅列《られつ》。白鵬は納得して署名したと報じられている。

引退会見では、答えている。

「土俵の上では手を抜くことなく、『鬼《おに》』になって勝ちにいくことこそが横綱相撲と考えていました」

私はこれは「エルボー」や「変化」への釈明《しゃくめい》だと考える。いくら、「鬼」という説得力のある言葉を使おうと、「後の先」をめざした横綱の考え方とは相容れない。後づけの理由がさらに恥ずかしい。そもそも、歴代の横綱と鬼は相容れない。双葉山、栃錦、大鵬、貴乃花……。鬼になって勝ちを拾うことは、横綱としての力量がないことだ。

過去、私は幾度となく宮城野部屋の朝稽古《げいこ》に行き、稽古熱心で研究熱心な白鵬に瞠目《どうもく》してきた。社会活動にも尽くし、一人横綱としての器量も抜群《ばつぐん》だった。

新しい一歩を踏み出す今、舐めず驕《おご》らず、美醜の認知を自分に課して欲しい。そうなった時、白鵬のもとには捌《さば》ききれないほど人が集まる。目に見える。

エルボー

四章

時代錯誤か伝統か?
――女人禁制の不思議

七夕と相撲

夏の夜のロマンチックな星祭り

七月七日は七夕《たなばた》。牽牛《けんぎゅう》と織女《しょくじょ》、相思相愛の二つの星が一年に一度だけ逢《あ》うことを許される日だ。

天帝によって離れ離れにされている二人は、七月七日に天《あま》の川を渡り、愛する人と逢う。これが世に言われる七夕伝説であり、夏の夜のロマンチックな星祭りである。

七夕は中国から伝わったとされている。中国にも似たような七夕伝説があり、やはり七月七日に行事が行われているという。ただ、牽牛と織女の星物語は、日本でも『万葉集』以来よく知られているところから、歴史学者の和歌森太郎《わかもりたろう》は、日本固有の季節感覚に応じた七夕行事がすでにあったとする。そこに、中国の年中行事が結びついたのだろうと説く（『相撲の歴史と民俗』弘文堂）。

七夕と相撲に何の関係があるのかと思う人は多いだろう。だが、深い関係がある。それは和歌森の言う「日本固有の季節感覚に応じた行事」が、我が国にはすでにあったというところがポイントだ。

「七夕」は秋の季語である。陰暦七月七日は初秋であり、七夕は「夏と秋との交叉《ゆきあい》の祭」とされている（山本健吉『新俳句歳時記』）。

ここで出てくるのが「神事」である。相撲が神事に端《たん》を発していることはご承知の通りだ。七月七日の七夕は、春から夏までの上半期の農事が終了し、秋からの下半期が始まる交叉点と言える。

人々は神に上半期の礼を捧《ささ》げ、厄《やく》を落とす。そして下半期の豊穣《ほうじょう》を願い、先祖を祭る。そういう水田農耕神事を、七夕に行った。これは陰暦の盆（七月十三日から十六日）までの「魂祭《たままつり》」の前提とも言われる。

この七夕神事において、重要な役割を果たしていたのが相撲である。

人々は下半期の収穫を占うため「年占《としうら》」を重要視した。占いの一種である。例えば餅《もち》を焼き、その焼け方で吉凶を占ったり、互いに悪態をつき合い、言い勝った側は豊作になるとか、数多くある。今なら子供でも「笑っちゃう」ような占いも、豊作を願う人々には拠《よ》り所になっていたのである。その年占の大きなひとつが、相撲だった。

今もよく使う「一人相撲」という言葉。これは実は年占からきている。田の精霊《せいれい》と人間の男が相撲を取るのである。当然ながら精霊は目に見えない。見えない相手と相撲を取る「ふり」を演じるわけだ。端《はた》からは、人間の男が一人で投げようとしたり、突っ張ったり、残したり転んだりと、一人で相撲を取っているとしか見えない。つまり「一人相撲」である。今でも、自分だけで熱くなり勢いこんで動く人を「一人相撲を取ってる」と言う通りだ。

こうして、田の精霊と人間は相撲を三番取る。一勝一敗で迎えた三番目、みごとに田の精霊が勝つ。これは精霊に勝たせておいて、人間は頭《こうべ》を垂《た》れ、喜ばせる。結果、豊作が約束されるというのである。

もっとも、和歌森の前出の書には、

「水の精霊と人が相撲をとり、それを克服することによってその年の豊作が期待されると見たようである」

「精霊を鎮圧《ちんあつ》することによって、あとの農事を自分たちの希望通りに進めようというのであった」

とある。人間が精霊に勝つという説だ。

私はこれを読んだ時、人間が精霊を鎮圧しては逆効果にならないかと考えた。勝たせる方が妥当《だとう》だろう。ただ、和歌森は一般的に「水の精霊」は「河童《かっぱ》」と言われると書く。河童は人間を川に引きずりこんだり、キュウリなど作物を盗《ぬす》んだり、悪さをする。となると、鎮圧する一人相撲が五穀豊穣《ごこくほうじょう》につながる。確かにそれも納得できる。

七夕に神事相撲を行うところは全国にあったため、その形はそれぞれだったのだと推察できる。すべてが三番勝負ではなかったかもしれないし、田の精霊だったり水の精霊だったりの違いもあろう。和歌森は、

「公けにいつごろから七夕の相撲が始まったかは明らかでない」

としつつ、飛鳥《あすか》時代は大化《たいか》二年（六四六年）の大化の改新《かいしん》前後かと見ることもできるとする。

というのも、天平六（七三四）年には天覧《てんらん》相撲の「相撲節会《すまいのせちえ》」が始まったわけだが、その第一回が何と七月七日に挙行されている。なぜだ？　なぜこうも七夕にこだわる。

実は『日本書紀』には、相撲の起源に関わる日として、七月七日と書かれているのだ。同書は奈良時代の養老《ようろう》四（七二〇）年に成立しており、相撲節会が始まる一四年前になる。

相撲節会を決める際、相撲の起源と同じ七月七日の七夕に第一回を……と考えても不思議はない。

だが、『日本書紀』の内容は「作り話」だと、現在の学者たちは一笑に付す。面白いので紹介する。

相撲の祖とされる野見宿禰《のみのすくね》と当麻蹶速《たいまのけはや》が戦ったのが、垂仁《すいにん》天皇七（紀元前三）年の七月七日だったと『日本書紀』には明記されている。これが相撲の起源とされ、紀元前一世紀のことだ。

大和《やまと》の蹶速は強力《ごうりき》を誇《ほこ》り、俺に勝つ者はいないと傲岸不遜《ごうがんふそん》だった。それを聞いた垂仁天皇が、出雲《いずも》の強者として名高い宿禰を呼び出し、戦わせることにした。

和歌森の前出の書によると、宿禰に呼び出しがかかったのは、七年七月七日。出雲に宿禰を迎えに行き、その後、大和に到着するのも七年七月七日。飛行機もない当時、絶対にあり得ない。和歌森は書いている。

「相撲の起原を語る話としてこしらえたのだから、七月七日に何もかも済まされたように記そうではないかとしたのに違いない」

しかし、神事相撲が七夕に行われていたことは事実だ。そこで、宿禰の子孫が七並べの

年月日を、『日本書紀』に載《の》せるに至ったのだろうと書く。さらに、

「かように日本人は、ただ相撲をとって遊んだというわけではなくてまた体育を自覚して行うものでもなかった。それは神事として神の意思を判断するために行ったものである」

と断じている。

しかし、昨今はここで問題が生じる。「女性は汚《けが》れているから土俵に上がれず、神事に携《たずさ》われないのか。差別だ。血を流すから汚れていると言うのか」という怒《いか》りである。

先頃も関西の女性市長が「男女平等」を求めて、土俵の女人禁制を解くよう、日本相撲協会に要望書を提出した。

「女人禁制」と男たちの畏怖

「女人禁制」については、これまで保守してきた日本相撲協会の決定に委《ゆだ》ねるべきだと私は考えている。

が、「血」について言うと、古代「霊」という字は「チ」と読んだ。「チ」は自然物の威力・霊力を表す語であるという（『広辞苑』など）。また、『古事記』によると、血の中からも神々が生まれると考えられており、誰もが血の持つ力をわかっていたようだ。そうであるだけに、血に対する恐怖《きょうふ》感や畏怖《いふ》感は「霊力」と重なって、増幅されたと考えられる。

日本には古くから「棚機《たなばた》つ女《め》」の信仰がある。女性が一人で、人里離れた小屋にこもる。彼女はやがて降りてくる神に供える機《はた》を織りながら、待つ。そして、神と一夜を過ごす。これを処女喪失儀式だとする説もあり、流した血は神との性交のしるしだとしている。こうして神に穢《けが》れを持ち帰ってもらうという信仰だ。

また、民俗学者の折口信夫《おりくちしのぶ》は「月経の血は神と交《ママ》った(注)しるし」と書いている。神と交わるために、毎月小屋にこもらせたのだという。

これらには、女性だけに与えられた神秘性《しんぴせい》があり、当時の男たちが、血におびえたであろうことは想像できる。

私は相撲に関する論文の準備中、女性と血に関する文献をいろいろと読んだ。その時、「霊力とされる血」がプラスに動かず、霊力への恐れから「血は不可触」という方向に動いたことを感じた。「霊力を秘めている血」を体内から溢出《いっしゅつ》する女が、男を脅《おびや》かす存在になりうる危惧《きぐ》。男たちのその恐怖が、女そのものを不浄《ふじょう》として遠ざけた。その考え方は、遠い昔の差別の発端としてあったのではないか。

とはいえ、それが現代に通用するか。

あるいは伝統は伝統として、現代に合わせる必要はないとするか。

七夕には神事相撲と重ね、そんなことを考えてみるのもいい。

相撲甚句

土俵の砂で男を磨く

相撲ファンならずとも、相撲甚句《じんく》を一度は耳にしたことがあると思う。実は相撲の取り口などを詠《よ》んだものは少なく、大力士の引退にちなんだり、巡業地《じゅんぎょうち》の名所名物を詠みこんだり、時代の風俗を唄《うた》うものなどが中心である。

発祥《はっしょう》は江戸中期の元禄年間（一六八八～一七〇四年）とも享保年間（一七一六～一七三六年）とも言われているが、定かではない。元々は力士が余興《よきょう》に唄ったものとされ、それが江戸末期から明治にかけて流行。やがて「ドスコイ　ドスコイ」という合いの手も入るようになったらしい。もちろん、現在も唄われており、日本相撲協会の相撲教習所では必修科目である。

相撲甚句は独得の哀感をおびた曲もいいし、歌詞がまたいい。名作詞家で名高かった呼出し永男《のりお》が、昭和に作った名作のひとつが「お国自慢」である。

〽ハァーエー　ハァードスコイ　ドスコイ
お国自慢を甚句に詠めばヨー
ハァードスコイ　ドスコイ
ハァー北は北海盆《ぼん》をどり
八戸小唄で夜が明ける　ハイ
今も昔も変わりない
草木もなびく佐渡おけさ
どじょうすくいは安来節《やすきぶし》
三井三池の炭坑《たんこう》節
花笠音頭にゃ花が咲く　ハイ
博多ぎをんか黒田節
日向《ひゅうが》かぼちゃかよか嫁じょ
ひえつき節には鈴がなる

ばってん熊本おてもやん
お国自慢のその中で　ハイ
相撲甚句はヨー　日本一ヨー
ハァードスコイ　ドスコイ

今でも花相撲や巡業の際には、力士が唄う「本場の相撲甚句」を聴くことができる。まずは土俵の上に、五人から七人ほどの力士がのぼり、輪になる。多くの場合、全員が和服姿である。そして一人が土俵の中央に進み、甚句を独唱。他の力士は「〽ハァードスコイ　ドスコイ」と合いの手を入れ、手拍子を打ちながら、唄い手の周囲をゆっくりと回る。かつては、この手拍子が相撲の四八手を表す「踊《おど》り」だったとも伝わるが、現在はそうではない。

さらに昔、幕末から明治初期にかけては、合いの手も違っていたという。相撲研究家の小池謙一は、次のように書いている（『大相撲中継』二〇一八年九月号）。

「（相撲甚句は）相撲関係者がお座敷で唄う〝甚句節〟の感がある。

一例を挙げれば、掛け声が『をやをやそをですか』、または『アリャアリャアリャセ』と、現代の『どすこいどすこい』とはだいぶ違っている」

確かに前の二つの掛け声は、力士とタニマチが芸妓《げいぎ》とお座敷遊びを楽しむにふさわしい。

小池が、

「江戸の昔から語り伝えられ、その節まわし、歌詞、動作、所作、掛け声など、時代の変遷とともに微妙に違って今日に至っている」

と書くように、微妙に変化させながら現在に生かし、決して「博物館入り」にしないものが、相撲界には多い。その姿勢はみごとだと思う。

さて、現在の相撲甚句には「前唄《まえうた》」と呼ばれるものがある。前出の「お国自慢」など甚句の本唄に入る前に唄う。巡業や花相撲では、まず触れ太鼓《だいこ》が鳴る。そして呼出しが呼び上げて、前唄が唄われる。その後半部は「後唄」と呼ばれ、これらは本唄につなげるような歌詞だ。

これも永男の歌詞で、名作中の名作と言われる前唄である。

「土俵の砂つけ」

〽土俵のヤー砂つけて　男を磨《みが》く

ハァードスコイ　ドスコイ
錦をヤー飾りて　母待つ郷里《くに》へ
ハァードスコイ　ドスコイ
さらばヤー　ここいらで唄の節を変えて
ハァードスコイ　ドスコイ
いつもヤー変わらぬ相撲取り甚句
ハァードスコイ　ドスコイ

日本人はかつて、物を磨く時に砂を使った。「磨き砂」と呼ばれ、研磨剤《けんまざい》である。力士は土俵の砂を体につけて、男を磨くというのだ。稽古場《けいこば》で、本場所で、転がされて体に砂をつける。特に本場所でのそれを、恥ずべきこととして非常に嫌うという。しかし、その屈辱《くつじょく》も「磨き砂」なのだ。

それればかりではなく、格差の厳しい相撲界で、大部屋暮らしやチャンコ番、また、一般社会では考えられない上下関係、しきたりなども私は「磨き砂」にあたると思う。

永男の詞はそれをサラリと、実に粋に書いている。新入りの力士たちや、なかなか出世が叶《かな》わない力士たちは、「俺は今、男を磨いているのだ」と自分に言い聞かせ、明日を夢見ることもあったのではないか。

私自身、何もかもがうまくいかない二十代後半から三十代前半、よくこの前唄を歌っていた。車を運転する時はいつも相撲甚句のテープだ。「女を磨く」ためとは思っていなかったが、粋な甚句は心を解放してくれた。当時、会社勤めをしていた私は、ついには課のバス旅行だの部の忘年会などで、マイクを渡されると前唄と甚句を唄うようになってしまった。本来は取り囲む力士が入れる合いの手、「ドスコイドスコイ」も全部自分でやる。聴かされる方はたまったものではなかっただろうが、退職する日、課長に、

「お牧の相撲甚句、もう聴けないんだな」

と淋《さび》しがられた。だが、こんな人はほとんどおらず、もし私が「春を愛する人は」とか「母さんが夜なべをして」とかを歌っていたら、結婚相手が出て来たかもしれない。

力士は粋でなければならない

本場の相撲甚句は、実は本場所中は国技館のロビーでも聴ける。

その日の全取組が終わると、暮れた空に跳ね太鼓が響きわたる。客はあちこちの出口から帰って行くので、気づかない人も多いかもしれないが、正面ロビーを通るといい。一角にごく簡単なコーナーを設《しつら》え、そこで唄っている。おそらく、色んな元力士が唄うのだと思うが、私は元幕下の国錦《くににしき》の名調子を幾度も聴いた。客はみな足を止め、聴き惚《ほ》れる。夜空に響く跳ね太鼓と、鍛えあげられたノドが重なり、いいものである。

現在、国錦と元前頭大至《だいし》が唄い手の両トップだろうが、私はかつて横綱輪島《わじま》の甚句を聴いたことがある。男っぽくて、どこかぶっきらぼうで、あれも何ともよかった。

さて、相撲教習所で必修科目の相撲甚句を教えているのが、その国錦である。私は延べ一年半、教習所に通って新弟子と一緒に、全学科の授業を受けたのだが、国錦は歌詞を板書し、その意味と背景を説明する。そしてその甚句を教えるにも、「力士は粋でなければならない」として「粋」の概念を説く。次に柝《き》に合わせて、口立てでメロディを教える。「そこは淋し気に唄え」「そこはユーモラスに」などと細かい。そして一曲マスターするたびに、数人一組で前に出て、唄わされる。

国錦は幾度となく、繰り返した。

「国技はすたれさせてはならない。力士は『客あっての』ということを忘れるな」

粋な力士が、相撲甚句を粋に唄うことは、客を非日常の喜びに誘《いざな》う。国錦には、その思いが芯《しん》にあるのだろう。ただ、昨日までロックだラップだと楽しんでいた若い新弟子に、

「小粋で小憎《にく》い丸髷《まるまげ》か　ホイ
銀杏《いちょう》返しは双心《ふたごころ》　ホイ」

を理解させるのは楽ではない。だが、半年後の修了式の時には、全員の唄が何とかサマになるのだから、大したものである。

甚句がらみでは、私は悔《く》やんでいることがある。平成十八（二〇〇六）年、東北大相撲部に初めて土俵が築かれた。監督の私にとっても部員、ＯＢたちにとっても悲願の土俵だ。関係者がたくさん集ってくれ、土俵開きが行われたのだが、その時、仙台の相撲甚句会の方々が、この日のために作った甚句を、柝を鳴らしながら唄ってくれた。確か、

「ハァー女監督牧子のもとでヨー開く土俵は……」

とかそんな歌詞だった。ああ、このめでたい唯一無二の甚句を、どうしてテープに録《と》っておかなかったか。悲願成就に舞い上がっていて、誰一人録っていなかったのだ。

女相撲

好奇の目にさらされた見世物

私は東北大学相撲部の総監督《そうかんとく》ということで、よく質問される。

「女子学生が相撲部に入部したいと言って来たら、許しますか」

もちろんである。

現在、日本女子相撲連盟があり、全日本女子相撲選手権など数々の大会が行われている。女子相撲は男子と同じように、個人戦と団体戦があり、国際的にも広がりを見せている。女子相撲はサッカーやソフトボールや柔道《じゅうどう》などと同じに、アマチュアスポーツであり、日本相撲連盟はオリンピック種目入りをめざしている。

ただ、「女子アマチュア相撲」と、今回のテーマ「女相撲」はまったく別もの。私はそう思っている。

天明5年「鎌倉山女相撲遊觴」より

「女相撲」については、非常に多くの文献や資料があるが、私が読んだ限りではいずれも好奇な対象として男たちの目にさらされた。つまり、「見世物」である。

それは江戸中期の、延享《えんきょう》元（一七四四）年頃に始まったと考えられており、その後の明和年間（一七六四〜七二年）に大人気を博したようだ。

何が見世物かといって、力士は十四歳から二十五歳くらいまでの女性ばかりで、髷を結っていた。そして上半身は裸《はだか》で、下半身にはまわしを締めていたという。もっとも、これについては諸説あり、上半身には薄《うす》い襦袢《じゅばん》をつけ、下半身にはサルマタをはいていたとも伝わる。その場合はサルマタの上にまわしを締めていたのだろう。つけていたにせよ、薄い襦袢では透《す》ける。取組中にめくれ、あられもない姿にもなったはずだ。

そんな中で明治四（一八七二）年、政府は風紀上よくないとして、裸体禁止令を出した。すでに江戸時代、京都や江戸では見世物女相撲に禁止令が出ていたそうだ（「江戸時代の見世物女相撲」一階千絵）。ということは、それまではやはり裸体か裸体に近い姿だったと考えられる。

さらに、見世物とされたのは、女力士と座頭《ざとう》の取組である。座頭、つまり盲人《もうじん》と女力士が裸で相撲を取り、大変な人気を博したという。また、男力士と女力士の取組もあれば、女力士が動物と取組むことも行われていたようだ。それればかりか、好色な男性客たちはエスカレート。安政年間（一八五四～六〇年）には、彼らに応《こた》えるべく男力士と女力士のからみまでやったと伝わる。

ついに明治政府は、男と女が相撲を取ることの禁止令を出した。しかし、女力士だけによる「女相撲」になっても、人気は衰《おとろ》えず、昭和三十年代まで続いたという。特に名高い組織の「石山女相撲」は、昭和五（一九三〇）年には何とハワイ巡業《じゅんぎょう》まで敢行《かんこう》している。

国内でもハワイでも大変な人気を博した理由のひとつは、座頭や男と相撲を取るかわりに、離れ技的な芸当を見せたせいもある。一般の女性では考えられないことを、女力士たちにやらせたのである。

たとえば、女力士が一人、床に横になる。その腹の上に大きな米俵を載《の》せる。その上に二俵の小さい米俵を載せ、板を渡す。その板の上に小さい米俵を四俵載せ、二人の女力士が乗る。そして中央に置かれた臼《うす》で、餅をつくのである。つまり、床に横たわる女力士は七俵の米俵と板と、臼と、餅をつく二人の女力士を、腹に載せているわけである。

その写真は「絵はがき」となって、今も日本相撲協会の相撲博物館に残っている（土屋喜敬『相撲』）。写真では小屋掛けのようなところの床にムシロが敷《し》かれ、女力士が前述したすべてを腹に載せている。とても人間技ではない。まして栄養もよくない時代の小柄な女性が、どうやって持ちこたえたのだろう。同書によると、この絵はがきはハワイ巡業後に作られたものとあるので、昭和五年かその直後だろう。絵はがきのキャプションには「腹ノ上ノ餅搗《つき》　力士最上川」と書かれており、床に横たわる女力士は「最上川」という四股名《しこな》らしい。

彼女たちはどういう経緯《けいい》で女力士になったのかわからないが、極貧《ごくひん》家庭で家族を養《やしな》う必要があったり、体が大きいからと売り飛ばされたりしたこともあったのではないか。ただ、裸に髷を載せ、座頭や男力士や、果ては動物とまで取組まされ、それでは足りずに男女のからみや離れ技まで要求されたのである。

これは私自身の考えだが、この仕事を好んでやる女性はいまい。やらざるを得ない環境下で、おそらく彼女たちの心は荒《すさ》んでいた。人間であることをどこかで捨て、それによって支えられていた気がしてならない。実際、絵はがきの女力士は誰一人として笑っていない。誇《ほこ》らし気ではないし、目に力がない。むしろ、諦《あきら》めに似た暗さが見えて仕方がないのである。

雨乞い相撲と男尊女卑

しかし、女相撲はまったく別の一面も持っていた。興行《こうぎょう》や競技としてではなく、全国各地で「雨乞《あまご》い」の習俗として伝承《でんしょう》されていたことだ。

民俗学者の亀井好恵は、「なぜ女相撲と雨乞いが結びつくのか」ということを、山形県の扇田で調査。『良中通信』第一二号にそのことを書いている。

それによると、雨乞い女相撲の本義は「いかに神様を怒《おこ》らせるか。笑わせるか」にあるのだという。本来、男が取るべき相撲を女が取ると、神様は怒る。しかし、女力士たちは真剣に戦えばこそ、時に滑稽《こっけい》な仕草があらわれる。すると神様は笑う。だから、女相撲が雨を降らせるというのである。

亀井は、土地の人の言葉を次のようにも書いている。

「相撲は日常生活の場面では男が勝負事としてとるもので、それを女がとると自然のバランスが崩《くず》れてしまうからだという。日照《ひで》りという自然のバランスを崩す行為である女相撲がよい。毒《どく》を以《もっ》て毒を制す的な発想である」

もともと、相撲は稲作信仰と深く関わっていた。そう考えると、女相撲を奉納《ほうのう》することはごく自然であったかもしれない。

雨乞いとしての女相撲は、東北地方を中心に、多くの地域で行われてきたそうだが、その中で秋田の雨乞い儀礼について、民俗学者の齊藤壽胤《じゅいん》は具体的なやり方を書いている（『秋田民俗』第三一号）。

旧西仙北町の円行寺では、旱魃《かんばつ》になると地域の女性たちが神社裏手の雨乞い館に登る。その館の上にある細長い石にロウソクを灯《とも》し、まずは鎮守の雨乞鳩八幡宮と呼ばれた鎮守《ちんじゅ》の神に祈る。

その後、女性たちは褌《ふんどし》ひとつを身につけただけで、相撲を取り始める。行司も女性であり、この雨乞いはすべてを女性が取り仕切るのだ。そして一粒でも雨が降り始めるまで、相撲が続けられたという。

また中間口（現・男鹿市）では、地域の女性たちが神社に参拝《さんぱい》し、その後、寒風山に登る。ここには石神仏碑が祀《まつ》られており、まずはお神籤《みくじ》を引く。これで雨の降る日を占うのである。それが済むと女性の一人が、腰巻きひとつで石神仏碑に跨《また》がる。他の女性たちは、跨った女性に沢の水を掛け、やがて女相撲も始まるのだという。

この雨乞い相撲も、現代の私たちから見ればひどく残酷《ざんこく》な、はなはだしく差別的なものだ。だが、見世物の女相撲と違い、稲作における大切な請雨儀礼とされていた。女性たちは農村地域の一員として、果たすべき重要な役割だと思っていた人もいるのではないか。

亀井は次のように書く。

「雨乞いと女相撲の関係は農民の生活に沿《そ》った発想に支えられていた。時の知識人が唱えたであろう浄不浄の観念とは別の、素朴《そぼく》な土の思想（中略）、その中の営みで男・女が互いにポジションを守りつつも女性に願って降雨のお祭り『女雨乞い相撲』を行わせる男性」

その通りである。見世物的なる女相撲であれ、農耕信仰の女相撲であれ、その源流はまさしく「男尊女卑《だんそんじょひ》」であったと思わざるを得ない。そしておそらく、女性たちはこれが女のなすべきことであり、女のポジションなのだと納得させられていた時代であったのだ。

現在のアマチュア女子相撲は、純粋な競技スポーツである。私は東北大相撲部に、男子部員を投げ飛ばすような女子部員が入ってくれたら、それは嬉《うれ》しい。

おさんどん相撲

女性差別に重ねた角界の真の狙い？

「おさんどん」とはご承知のように、「台所で働く女性」あるいは「炊事《すいじ》などの台所仕事」という意味である。私は手許《てもと》にある五冊の国語辞典で確認してみたが、実際には「台所で働く女性」と書いているものはなく、「女中」「下女」「飯炊《めした》き」のどれかだった。

当時、「おさんどん」を担う女性は、社会的に非常に低い地位にあったとわかる。職種《しょくしゅ》に対する差別もさることながら、女性そのものを差別する時代だった。

この「おさんどん」と相撲がどう関係するのか、不思議に思う方は多いのではないか。

明確な年代はわからないが江戸の勧進《かんじん》相撲期、女性は千秋楽だけ、相撲見物を許されていた。そして、その日の相撲を「おさんどん相撲」と呼んだのである。

つまりは「飯炊き女に見せる相撲」ということだ。「おさんどん相撲」――この言葉にこめられた差別的な匂《にお》いは凄《すさ》まじい。さらにだ。この時代の千秋楽は、幕下《まくした》以下の取組しかなかった。つまり、女性たちは、花形力士は見られない。江戸社会の「女は飯だけ炊いてりゃいいんだよ。偉《えら》そうに何が相撲見物だ。男と同列に考えるんじゃない。思い上がりどもが」という蔑視《べっし》が透けて見える。

その後、女性は花相撲見物を許された。やはり江戸の勧進相撲期だとされるが、これも年代はハッキリしない。浮世絵や浮世草子などからすると、宝永年間（一七〇四～一一年）には許可されていたようだ。

しかし、花相撲というのは稽古を見せたり、奉納《ほうのう》であったり、言うなればイベント相撲だ。番付にも給金にも影響しない。女性差別に変わりはないのである。

ただ、相撲見物における女性差別の真の狙《ねら》いは、もっと別のところにあったのではないか。私はそう考えている。

宝暦八（一七五八）年に、相撲集団は「えた」の相撲見物を禁じている。「えた」とは当時、士農工商の身分制度から外れ、さらにその下に置かれた「被差別民」を指す。

それまで、相撲を見たいとする「えた」側と、拒《こば》む相撲集団の緊張状態が続いていた。

そんな中、ついに宝暦八年、町奉行《ぶぎょう》が出てきた。結果、町奉行は全面的に相撲集団側を支持したのである。これにより、「えた」は、男性であっても相撲を見物することができなくなった。

女性と「えた」、ともに社会の下層にいる両者に相撲見物を禁止する。こうすることで、相撲集団は自らの地位をアップさせた。私はそういう意図を感じる。

つまり、相撲見物は下層の人間には許されないもの、上流なものということを広くアピールする狙《ねら》い。それによって、相撲の、そして相撲集団の格と地位を向上させる狙いだ。

向上させるために自らシステムを変えるとか、種々の努力をするとかではない。下層を排除《はいじょ》することにより、自らの地位を上げたのだ。私のこの考えは、相撲集団のビジネスのうまさからしても、ありうることだと思う。実際、この時期、相撲集団は社会的地位を上げるために、天皇や朝廷との結びつきを強め、飛躍的《ひやくてき》にステータスアップしていた。

つまり、「おさんどん相撲」も、女性だけを差別するレベルではなかったと思うのである。

ところが、明治五（一八七二）年、急転直下、「婦女子に二日目以降の見物を許可」という決断がなされた。初日に見せないということは、初日はよほど花形力士が出るのか？なおも差別にしがみつくのか、許可しないというのが、せこいといえばせこい。

だが、この決断の裏には、明治維新《いしん》の文明開化思潮があったと考えられる。いわば下層と見られていた女性たちに、二日目からであっても見物を許可したことは、大変な決断だっただろう。

歴史学者の和歌森太郎は、『相撲の歴史と民俗』に次のように書いている。

「もっとも初日は別として、二日目以後に限って婦女の見物を自由にしたのである。昔かたぎの年寄《としより》などは、女が相撲見物をするというので、慨嘆《がいたん》してこれを見たものであった。明治五年十一月二十四日付の『東京日日新聞』を見ると、『実に方今自主自由の権を賜《たま》うの際、相撲に限りて婦女を禁ずるの理あらざるはず、最も至当《しとう》』のことだと述べている」

大相撲を飲み込む時代の潮流

時代が新しくなる中、変化はこれだけではすまなかった。五年後の明治十（一八七七）年、とうとう「婦女子に初日からすべての見物を許可」したのである。もはや、明治時代がもたらす激動の新潮流に、逆《さか》らえなくなったのだろう。

現実に、相撲集団は明治維新の断髪令《だんぱつれい》におびえた過去がある。髷という前時代の姿な上に、裸身は公序良俗《こうじょりょうぞく》に反するとされたのだ。何とか断髪を免《まぬか》れ、裸身を保てた以上、お礼かたがた、政府の新しい思潮に従うしかない。そんな思いもあったのではないか。実際、この頃は女学校ができ、女工の職業学校が開校されている。芸娼妓《げいしょうぎ》の解放令も出た。女人禁制を返上する寺や山も出始めていた。

女性差別の激しかった江戸の「おさんどん相撲」、それはもはや考えられない新時代になっていた。

とはいえ、私は修士論文「土俵という聖域」を準備中に資料を見ていて、つい笑ったことがある。

とにかく相撲文献《ぶんけん》や相撲史年表には、女性に関する記述がほとんどないのだ。現在の大相撲を含《ふく》め、相撲集団がいかに女性と関わらずに生き、また保つべきを保ってきたかがわかる。

私が準備中の平成十八（二〇〇六）年時点で、女性との関わりが史実として大きく動いたのは、わずか六件しかない。約一三五〇年間とも考えられる相撲史において、私が調べた限りでは次の六件である。

一・江戸・勧進相撲期（年代不明）

婦女子の見物は禁止。だが、「おさんどん相撲」のみ許可。

二．江戸・勧進相撲期（年代不明）

婦女子は花相撲に限って見物を許可。

三．明治五（一八七二）年

婦女子に二日目以降の見物を許可。

四．明治十（一八七七）年

婦女子に初日からすべての見物を許可。

五．昭和十（一九三五）年

初の本場所・婦人木戸御免（木村富代、五十三歳）

六．平成十二（二〇〇〇）年

初の女性横綱審議委員（内館牧子、五十二歳）

婦女子が初日から見物できるようになってから、初の婦人木戸御免が出るまで、五八年間もあいている。この間、角界は女性と、年表に載るような関わり方をしてこなかった。そう考えるのが妥当《だとう》だろう。

「木戸御免」というのは、いわゆるフリーパスのことだ。木戸銭《せん》を払《はら》わずに国技館に入れ

る資格で、相撲協会を支援したり功績のあった人に贈《おく》られる。

木村富代は新橋の待合《まちあい》「喜《き》むら」の女将《おかみ》で、やり手の経営者。そして大変な「スー女」だった。彼女は協会の二度にわたる大紛争を、「私に任せて」と収《おさ》めたという。本場所の木戸御免を女性に許すというのだから、協会の厚い感謝がわかる。

全国各紙の報道も大きい。写真の富代女将は、着物姿で長火鉢《ながひばち》の前に座り、柔《やわ》らかな笑みだが、タダ者ではない香りを発している。

さらに、内館が女性初の横綱審議委員になったのは、富代から六五年も経《た》ってからだ。木戸御免も横綱審議委員も、相撲の心髄《しんずい》に直接関わるものではない。しかし、そのようなものであっても、角界は女性とは一線を画してきた。

私はそれを厳然《げんぜん》と守ってきた姿勢に、敬意《けいい》を表している。すべての文化を男女共同参画にして、平らにする必要はない。

それにしてもだ。富代のニュースを報じた各紙は堂々と「木村富代婆《ばあ》さん」と見出しをつけたり、「五十三のお婆さんが初の木戸御免に」などと書いている。内館が五十二歳で横綱審議委員になった時、どこも「婆さん」とは書かなかった。六五年の社会の変化を感じる。

女人禁制①

女は穢れた存在か？

私が平成十五（二〇〇三）年、東北大学大学院に入ったのは、大相撲について宗教学的にきちんと学びたかったからである。「土俵の女人禁制」を考える上で、学問的バックボーンが必要不可欠だと思った。

当時は女性有識者を中心に、「女も土俵に上げよ」「女人禁制は女性蔑視だ」とする嵐が吹き荒れていた。私個人は宗教、祭祀《さいし》、芸能、民俗行事等々には男だけ、女だけの領域があっていいとする考えだ。守り伝えてきた伝統文化に対し、畏《おそ》れを持つべきだと考える。

反対派の見解を知ると、相撲に関心も知識もなさそうに思えた。男女同権には関心も見識もある方々だが、相撲に関してはどうもトンチンカンなのだ。それでも臆《おく》さず言う姿勢は厚顔だと思った。だが、時代の主流が何にでも「男女平等、男女共同参画」になりつつある以上、土俵も危ない。畏れのない有識者たちを私は恐れた。

そして、誰に頼まれたわけでもないのに受験勉強をし、合格し、仕事を休んだ。三年間、生活の拠点《きょてん》を仙台に移したのである。

「女人禁制」に異を唱える人たちは、よく、

「女は不浄《ふじょう》だと言うのか」

「女は月経の血で穢《けが》れているのか」

と言う。実際、「朝日新聞」（一九九〇年一月六日付）は社説で、次のように書いた。

「なぜ女性は『聖域』にふさわしくなく、吉ではなくて凶なのか。相撲協会が公に認めているわけではないが、背景に『女は不浄』とする因習があることは間違いない。

この不浄思想は、やはり見逃すことはできない」

この社説を見つけたのは、私が大学院で「土俵という聖域——大相撲における宗教学的考察」という論文の準備を進めている中だった。この社説には仰天《ぎょうてん》した。

何を根拠にここまで言い切れるのか。「不浄とする因習」について、どこまで知っていて書いたのか。さらに同社説は結んでいる。

「（女性が土俵に上がるという）表彰式《ひょうしょうしき》の方法くらいで、（大相撲の）良さが消えるとも思え

ない。男女平等という、人類の理想が定着するよう協力してもいいはずだ。いわれない迷信を追放するために」

恥ずかしいなァ、この文章。「人類の理想」と大上段に振りかぶり、「いわれない迷信を追放するために」と余韻《よいん》を残して情緒的にまとめる。これを平気で書くのは厚顔だが、ジンと来る人はあろう。恐い煽《あお》りだ。

その後も女性への不浄思想を調べていた私は、血の穢れの根本には仏教の影響があるという論を読んだ。そして驚くべき経典を知った。「血盆経《けつぼんきょう》」である。

「女性は月経血や産血を流すので不浄」と定めた経だ。つまり、女性として持って生まれた身体構造を否定している。「血盆経」には仏教で使われるものと、道教で使われるものがあるという。もともとは中国で作られた「偽経《ぎきょう》」（後世の人が偽造した経典）ではないかともされる。いつ日本に伝来したのかは、「正確には不明」とする資料が多かった。ただ、『道教研究』第一冊（吉岡義豊、スワミエ・M編）には、

「即ち一二五〇―一三五〇年の間に既に日本へ伝来していたと思われる」

とある。鎌倉時代中期から後期にかけての伝来か。

経文は、生まれながらにして血に穢れた性を完膚《かんぷ》なきまでに叩《たた》き、貶《おとし》めている。女は身分の貴賤《きせん》なく、一人残らず地獄《じごく》に堕《お》ちると書く。堕ちないためには、血盆経を一心不乱に唱えるしかないと定める。

当時の女は家畜《かちく》のように働かされ、孕《はら》まされた。孕みに関する月経や産血であるのに、穢《きたな》いとされた。

経文は女の穢れと罪一色である。それを毎日毎日唱えるのだから、女たちは自分の穢れを納得させられただろう。そんな穢れた自分を何とか救ってほしいと、懇願する作業であっただろう。何と切ないことか。

経文が説く血の池地獄

血盆経は、わずか四〇〇字ばかりの小経である。中国で乾隆《けんりゅう》六（一七四一）年に「仏説大蔵正《だいぞうしょう》経《きょう》血盆経」がすべて漢字で刊行されたのち、日本の女たちには「血盆経和讃《わさん》」が与えられた。基本的に五七調で唱えやすく、わかりやすくしてあるものだ。以下、和讃の全文である（高達奈緒美「血盆経信仰の諸相」）。（ルビと大意は内館）

帰命頂礼血ぼん経　女人のあく（悪）業深《ふかき》ゆゑ　御説玉ひし慈悲海　渡る苦界のありさまは　月に七日の月水《がっすい》と　産する時の大あく血　神や仏を汚すゆゑ　自《おのず》と罰を受くるなり

（月経などの血で神仏を汚すから、女は全員が罰を受けるのだ）

又其悪血が地に触て　つもりて池となり　深《ふかさ》が四万由旬なり　広も四万由旬なり　八万由旬の血の池は　みづから作《つくる》地獄ゆゑ　一度女人と生れては　貴せん上下の隔《へだて》なく　皆この地獄に堕《おちる》なり

（女の汚血は深さも広さも八〇万キロメートルの池になる。自分で作った血の地獄なのだから、身分に関係なく、女なら誰でもそこに堕ちるのだ）

扨《さて》この地獄の有さまは　糸あみ張て鬼どもが　わたれ〳〵と責かける　渡はならずその池に　髪は浮草身は沈み　下へ沈ば黒がねの　觜《くちばし》大きい虫どもが　身にはせきなく喰付《くいつき》て　皮を破りて肉をくひ　すみや岸へと近よれば　獄卒どもが追いだす　向ふの岸を見わたせば　鬼どもそろふて待いたる

（血の池地獄に堕ちた女の髪は浮かび、身は沈む。嘴の大きな虫が肉を食い、何とか岸に逃げようとすると、鬼たちがまた追い返す。向こう岸にも鬼どもがそろって待っている）

哀《あわれ》女人のかなしさは　阿嘖せられて暇もなし　寄くる波の音きけば　山も崩るゝばかりなり　岸に立たる顔見れば　娑婆にて化粧し黒髪も　色も変て血に染り　痩《やせ》おとろへて哀なり　食を好ば日に三度　血の丸かせを与へけり　水を好ば血をのませ　娑婆にて作し悪業ぞ　呑や〳〵と責かける　其時女人のなく声は　百せん万の雷の　音よりも又恐ろしく　娑婆にて作し悪業が　思ひやられてかなしけり

（生前は化粧していた顔も黒髪も血に染まり、女は痩せ衰えている。食べ物は丸めた血、飲み物も血。自分が作った悪業だから当然だと、泣く女たちの声は千万個の雷よりも恐ろしい）

是はなにゆへ子を持て　かゝる苦患を受るなり　母親の恩徳しる人は　菩提供養をするならば　抜苦与楽は疑はじ　南無や女人の成仏経　女に生るゝその人は　血盆経をどく誦して　人にも勧めわれもまた　ともに後生を願ひなば　先だつ母おや姉いもと　あまたの女人ももろともに　血の池地獄の苦をのがれ　地蔵菩薩の手引にて　極楽浄土に往生し　常に無上の法をきく　諸仏菩薩を供養せん　南無や女人の成仏経

（穢れの身として生まれた女たちは、血盆経を信じて唱えれば、先に死んだ母や姉妹も地獄から逃れられるのだ。女人を成仏させる血盆経を唱えよう）

もはや「女性蔑視」だのではくくれない。人間とは見られていないのである。女は黒不浄（死）までの間、赤不浄（月経）と白不浄（出産）の血を流し続け、家畜として生きるのだ。

この驚くべき血盆経は、天台宗、臨済宗《りんざいしゅう》、浄土宗他の各宗派で受容されていた。特に曹《そう》洞宗《とう》に関し、中野優子は「女性と仏教——仏教の血穢観と母性観」（『宗教のなかの女性史』青弓社）で次のように書く。

「本山の一つである総持寺では一九八一（昭和五十六）年の授戒会まで、『血盆経』の授与が行われていたという」

その頃は横綱千代の富士が「ウルフ」として大活躍しており、「つい最近」とも言える。

私は東北大の研究室で「血盆経」を読みながら赤不浄について考えている時、気づいた。女の血が不浄で、それが地面に触れて血の池地獄と化すなら、男の血はどうなのだ。力士が土俵上で激しくぶつかり、血を流すことは珍《めずら》しくない。それが土俵に滴《したた》ることもある。同じ血でも、男の血は穢れていないのか。おかしいだろう。

これについては次項で書く。

女人禁制②

なぜ男の血は穢れていないのか？

「女性が土俵に上がることを許さないのは、女性には血の穢れがあるからだ」。女性職者やメディアに、そういう論が目につくことを前項で書いた。

血は不浄なものであるとする考えは、以前からあった。鎌倉時代に中国から伝わった「血盆経」は仏教や道教でさかんに布教されたが、それによると、女が流す血は「血の池地獄」となる。その地獄に女は全員が堕ちる。それほどまでに、女は不浄で穢れた存在とされていた。ここまでを前項で紹介した。

だが、土俵上で力士がぶつかって、血を流すことはある。それが土俵に滴れば、聖なる土俵は血によって穢される。ならば、血の池地獄となるだろう。男の血はよくて、女の血はダメ。そういうことか？

私は当時、東北大学大学院で「なぜ土俵は聖域なのか」ということについて論文の準備中だった。男の血についての疑問は、非常に大きな問題だと思った。女の血だけを不浄とするなら、その明確な理由がいる。それが明確でないならば、まさしく男女差別であり人権の問題である。

ところが、その理由に関する文献や資料が見つからない。するとある日、『汚穢《おえ》と禁忌《きんき》』（メアリ・ダグラス、塚本利明訳、思潮社）の次の文章に目を奪われた。

「（肉体の）開口部から溢出する物質は、この上なく明白に周辺部の特徴《とくちょう》をもった物質なのである。唾《つば》、血、乳、尿、大便あるいは涙《なみだ》といったものは、それらが溢出するというただそれだけのことによって、肉体の限界を超えたことになる。軀《からだ》から剝落《はくらく》したもの、皮膚《ひふ》、爪、切られた毛髪および汗等も全く同様である」（ルビ内館）

私はこれを読んだ時、人間の身体《からだ》は「結界」なのだと考えた。

結界については『大相撲の不思議1』の第一回で触れているが、「一定の区域を囲い、その内側を聖域とする」ことだ。外側は俗域で、内側と外側は違世界である。もともとは中国において仏教徒の修行の場を囲ったことに始まる。修行僧の心を乱す障害物が入らないように、囲って聖域としたのである。

身体は「皮膚で囲って結界されたもの」と考えられないか。とすると、内側つまり体内は聖域といえる。その聖域から溢出してくる体液は、肉体の限界を超えて結界を破って出てきた。それは、切ったり刺したりして滴る男の血とは違う。男も女もそう考えて不思議はない。

女にしかない開口部から、女はわけのわからない鮮血を流す。男にとって、それは非常に恐かったはずだ。傷つけて流れる血と違い、理屈がつかない。「女は魔物であって人間ではない」とも思っただろう。近寄りたくないとか、伝染《うつ》るなどと避《さ》けた人もいたかもしれない。

こうして調べていくうちに、私はとても興味深いことを知った。一四八ページにも書いたが、古代、「霊《れい》」という字は「チ」と読んだのである。

これは『字訓』（白川静、平凡社）にも『広辞苑』（新村出編、岩波書店）にも出ている。さらに『古事記』によると、血の中からも神々が生まれると考えられていたという。

女だけが流す異質で不可解な血。そこに「霊《チ》」を感じた時、男たちの恐怖《きょうふ》感は畏怖感に変わっていっただろう。

これを男社会がどう捉《とら》えたか。中野優子が書いている（『宗教のなかの女性史』）。

「男性が女性を本質的に異なるものであると考えることによって生じた、月経や出産に対する不浄観が、女性を不浄な存在へと追いやったのではないかと思われてくる。(中略)女性の生物学的特質を異常なものと見、原初的な畏怖を感じ、月経や出産を不浄なものとして捉えるようになっていったのではないか」

実際、女は月経で血を流す期間は「月の障《さわ》り」として別の小屋に閉じ込められた。家族とは別の火、別の食事、別の寝泊《ねとま》りをさせられるのだ。出産の時も「産小屋《うぶごや》」を建て、そこに一人でこもらせた。血への不浄観によるものだ。

しかし、その一方で民俗学者の折口信夫《おりくちしのぶ》は、経血を「神の召《め》されるしるし」(傍線は原著者)と書いている(『折口信夫全集』三、中央公論社)。つまり、月経の血は「神と交ったしるし」だとするのである。

こうなると、男たちの防衛《ぼうえい》本能が顕著《けんちょ》になってくる。中野は次のように続けている。

「(男たちが)経血にある種の『力』が宿《やど》るのではないか、そしてその『力』によって男性(中心社会)の既得権《きとくけん》が脅《おびや》かされるのではないか、と考えた時に、その恐れは頂点に達し、不浄性を付与することによってその『力』を押しとどめ、封《ふう》じ込めようとしたのではないだろうか」

そして、文化人類学者の波平《なみひら》恵美子の「女性は不浄であることによって、男性に対して一つの『力』となり得るものである」という説を引用している（傍点原著者）。血は「霊」であり「力」であったのだが、あの時代、波平の言う「力となり得る」方向には行かなかった。社会は「血盆経」のように、ただただ女を貶《おとし》め、人間扱いしない方向へ行ったのだと思われる。

資料の中には、女の血をプラスイメージで捉えたり、また「女が上位であり男が下位である」という考え方が必然的に生じたとするものもある。だが、私は納得し難《がた》い。あの時代、血は決して女の地位や人権へのプラスには働かなかったと思う。

女たち自身も開口部を持って生まれたことに、卑屈《ひくつ》さと劣意《れつい》を感じていたのではないかと私は考える。何ら医学的、科学的解明のない時代だ。不気味な開口部から血を流す動物。女たちは自身をそう思い、どう扱われようと当然だと考えていたのではなかろうか。そこには諦念《ていねん》などなかったと思う。そういう穢れた劣悪な性に生まれてしまったことを、受け入れていたと考える。

であればこそ、男のどんな仕打ちにも文句は言わず、「血盆経」のようなものまで無条件に受け入れた。男はそういう時代を作っていたのだと考える。

現代の常識とどう折り合うか

前出のメアリ・ダグラスの説から、強引ながらも土俵の女人禁制をこじつけることはできる。

①土俵は結界である。②結界内は聖域で、障害物は入れない。③女は障害物である。④なぜなら女は不浄だからだ。⑤なぜなら、開口部から血を流すからだ。⑥だから女は結界内には入れない。⑦だから女は土俵には上がれない。

だが、経血や産血が医学的にわかっている今、これは通用しない。「血の穢れ」を目や耳にするのは、土俵の問題など、女人解放運動の際くらいではないか。

では、祭祀《さいし》でも芸能でも宗教でも何でも、長きにわたって死守してきた女人禁制をどうするか。

私は当事者が決定すべきと考える。大相撲も日本相撲協会が断を下《くだ》すことだ。他の意見や風潮に流される必要は一切ない。どう決めようと、独自で決断することである。

そのかわり、協会も結界された「聖域」の重みをもっと理解する必要がある。私には理解しているとは到底思えない。

かつて、優勝力士に内閣総理大臣杯を渡すために土俵に上がった官房副長官は、クールビズのカジュアルな服装《ふくそう》だった。これが聖域に上がる姿か？協会は自分たちが、紋付袴《もんつきはかま》の正装で臨《のぞ》む意味をわかっているのか。わかっているならなぜ、その無礼者を土俵に上げたのだ。

私は横綱審議委員会で追及したが、まともな回答はなかった。このレベルで「聖域」を捉えているなら、女人禁制が聞いて呆《あき》れる。

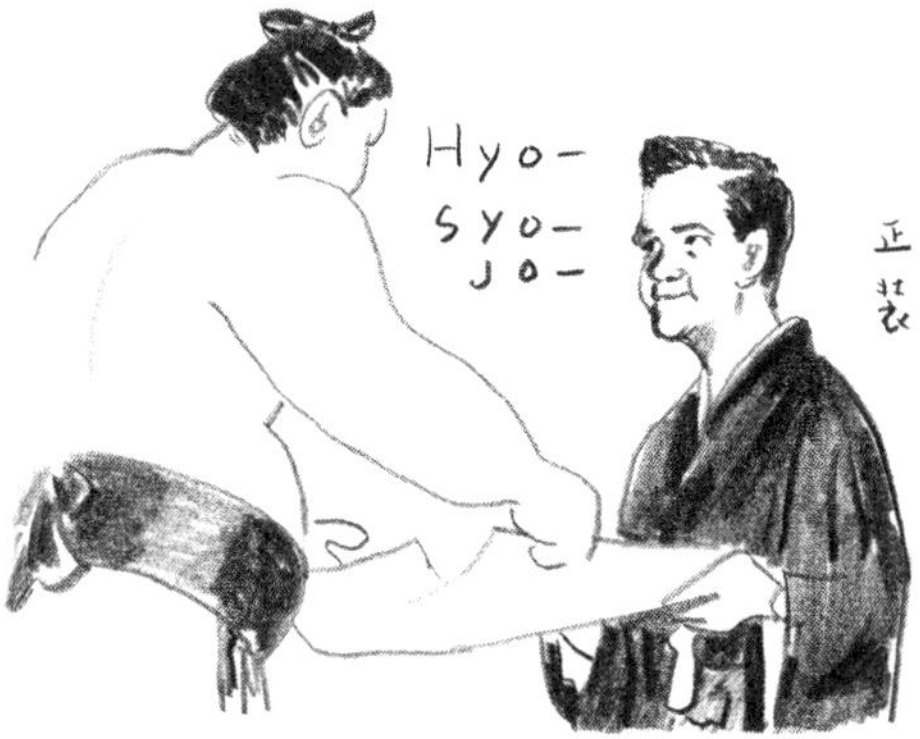
Hyo-
syo-
jo-

五章

新書特別企画

スペシャル鼎談

嵐山光三郎×南 伸坊×内館牧子

大相撲の魅力、がっぷり四つで語り尽くします！

撮影＝阿部章仁　構成・文＝BUNBOU

南伸坊
みなみ・しんぼう（**イラストレーター、装丁デザイナー、エッセイスト**）
一九四七年東京都生まれ。漫画雑誌「ガロ」の編集長を経て、フリーに。『装丁／南伸坊』、『私のイラストレーション史　1960―1980』、『いい絵だな』（伊野孝行氏との共著）、『あっという間』など著書多数。

嵐山光三郎
あらしやま・こうざぶろう（**作家**）
一九四二年静岡県生まれ。雑誌編集者を経て、作家に。『素人包丁記』（講談社エッセイ賞受賞）、『芭蕉の誘惑』（のち『芭蕉紀行』と改題、JTB紀行文学大賞受賞）など著書多数。

イタコが降ろした伝説の大横綱

南　ワッ！　〝白星〟柄の着物ですね。いいですね。

嵐山　帯には庄之助《しょうのすけ》の軍配があしらわれていて、お太鼓《たいこ》の力士は双葉山《ふたばやま》？

内館　はい。相撲絵師の木下大門《きのしただいもん》さんに描いていただきました。

嵐山　双葉山って、右目が見えてなかったみたいですね。

内館　子ども時代の事故とか。

南　六九連勝で止めた安藝ノ海《あきのうみ》は、その目のこと、見破ってたらしいですね。子どものころに雑誌で読みました。

嵐山　あのころは年に二場所だったよね。

内館　そうです。

嵐山　だから、白鵬《はくほう》が双葉山の六九連勝を超える可能性が出てきたときに、昔からの相撲通は「年間六場所と二場所を一緒にするな」って怒った。

内館　私、双葉山をナマで見ていないんですが、私にとっては「神」でして、東北大学大学院で相撲の研究をしていたころに、青森のイタコに双葉山の霊を降ろしてもらったことがあるんです。

南　エーッ⁉　双葉山、出てきたんですか？

内館　そうなんです。私はあえて「知り合いの男性を降ろして」と言って、知らんぷりして双葉山の命日《めいにち》を伝えました。

嵐山　面白い。降りてきた？

内館　降りてきて、第一声が「見も知らぬあなたが私を呼んでくれて嬉しい。ありがとう」って。これは、知り合いのセリフではありませんよ。「本当に双葉山だ！」と思いました。

そこで私、双葉山に聞いたんです。「六九連勝でストップした原因はなんだったんでしょうか」って。そしたら「腰も悪かったが、気の問題だった」と。ホントにこう言ったんですよ、ホントに。「うっちゃり双葉」でしたから腰は

嵐山　悪いにせよ、「気の問題」って言ったんです。すごいな。面白い。

「双葉山に会って話しました」

内館　当時、私は横綱審議委員会の委員で、横綱の品格をめぐって朝青龍《あさしょうりゅう》とバトルを展開していました。なので、双葉山に相談したんです。

嵐山・南　双葉山の霊に相談！（爆笑）

内館　はい。「私は朝青龍の天敵《てんてき》と言われていますので、もう少し手加減したほうがいいでしょうか」って。そしたら、天下の双葉山が答えたんです。

嵐山・南　え？　何て⁉

内館　「思った通りにやりなさい。私が後ろについておる」って。

嵐山・南　ほぉーッ！

内館　がっぷり四つでやってやると思いましたよ（笑）。それで東京に戻るなり時津《ときつ》風《かぜ》理事長（当時）に電話したんです。「双葉山に会って話しました」って。理事長は双葉山の弟子ですから、「は？」ですよ。それで双葉山とのやり取りを伝えて「私はこれからも思った通りにやります」と宣言しました。理事長は「任命したときから、あなたには覚悟してる。思うようにやりなさい」って。

南　イヤァ、いい話ですね。

嵐山　僕は琴ヶ濱《ことがはま》が好きだった。

内館　内掛《うちが》けの琴ヶ濱！　真っ先に琴ヶ濱が好きと言う人に会ったのは初めてです。

嵐山　関脇くらいになる力士は、必ず左の内掛けなんですよ。僕は小学校のころに内掛けを研究したけれど、あれが決まると気持ちがいい。上手出《うわてだ》し投げとかもやった。

南　上手出し投げはやりましたね。「土俵の鬼」の若乃花《わかのはな》がけっこうやってた。

嵐山　大起《おおだち》も好きだった。

南　大起は閂《かんぬき》しか技がないのかって思うくらいに、いつも閂でしたね。最初から双《もろ》差《ざ》しさせる。脇、ガーッて開けて立ってる。ボーッとしてて、大起好きでしたね。

嵐山　いまの照ノ富士《てるのふじ》みたいだ。

南　ぶちかましの松登《まつのぼり》もよかったですね。松登もぶちかまし専門。

内館　松登！　気が弱くて、大関落ちた時にポロポロ泣いて。

南　でも、ぶちかまし一本で大関までいったんですよね。相手がひよって変化したら土俵下まで一直線なんですから。強かったんですね。

内館　なのに、顔はおばさんっぽいんですよね。

南　あはは、そう。まん丸で。

内館　お二人とも変わった趣味ですね（笑）。大起や松登が好きというのも初めてです。

嵐山　松登は純朴な性格で、おばさんというより、まるで哲学者みたいな表情をする。（笑）

内館　私、初恋は鏡里《かがみさと》なんです。第四二代横綱。

嵐山　初恋が鏡里なんて、それもかなり変わってる。年がバレちゃうね（笑）。一九五〇年代の横綱ですよ。

内館　初恋、四歳でした。（笑）

嵐山　僕は初めて連れていってもらった花相撲（本場所以外の興行《こうぎょう》）で鏡里を見ました。

昔のお相撲さんには
それぞれに
強烈な個性が
ありましたね

色白でポッチャリしてるんだけど、仕切りのときになるとグーッと顔や体がピンク色になるんですよ。

南 あー、そうなんですか。鏡里なら現役《げんえき》で知ってます。

嵐山 そう。あの当時はテレビ放送なんてやってないから、NHKラジオで聴くんですよ。で、次の日の新聞に分解写真が出る。

内館 分解写真！　何十年ぶりかで聞きました。若い人は絶対に分からない。

南 コマ送りの写真ですね。分解写真はテレビでもやってましたよ。スローモーシヨンになる前ですね。鏡里のころは、たしか千代《ちよ》の山《やま》と吉葉山《よしばやま》と栃錦《とちにしき》の四横綱でしたよね。そのあとに若乃花が横綱になる。子どものころは、鏡里はそんなに人気ないと思ってましたけど、メンコには相当なってるんですよね。今、見ると。

嵐山　そうそう。当時は力士の顔をメンコで覚えたんだよ。

内館　メンコには、「気は優しくて力持ち」の、昔ながらの力士像が合うんです。私、稀勢《きせ》の里《さと》が横綱になったときに「久しぶりにメンコみたいなお相撲さんが現れた」って新聞に書いたんです。ずいぶん長い文章だったのに、その一行だけが大絶賛されました。（笑）

嵐山　吉葉山はすぐ投げられてお腹に砂がつく。だから、漫画に〝横砂〟なんて書かれてね。

南　学校の音楽室に作曲家の肖像画が張ってあったじゃないですか。ヘンデル（バロック時代の作曲家）が吉葉山にそっくりなんですよ。なかなか賛同してくれる人がいないんだけど。（笑）

内館　ヘンデルと吉葉山……。画家が見る目は、違う。

南　いやいや、ホントに似てるの。僕は四横綱のなかだと千代の山と栃錦が好きでした。友だちの家で飼っていた二匹の土佐犬《とさいぬ》の名前が「千代の山」と「栃錦」だったんです（笑）。最初はお相撲さんの名前なんて知らなかったんですが、四股名《しこな》を先に覚えてて、ヒイキになった。

嵐山　みんなはその後の〝栃若《とちわか》〟が好きなんだよ。栃錦と若乃花。

南　そう。だけど僕は千代の山と栃錦だった。

嵐山　土佐犬のおかげで。（笑）

栃錦のお尻と出羽錦の塩まき

嵐山　世の女性の話題は栃錦のお尻でしたね。稽古《けいこ》のせいでお尻がザラザラで、「世の中で一番汚いものは栃錦のお尻だ」なんて言われてましたから。子どもが悪さをすると「栃錦のお尻をくっつけるぞ」なんて脅《おど》されて。（笑）

内館　でも、絆創膏《ばんそうこう》を花びらの形にしてお尻に貼ってました。だから気を使っていた

南　んですよ。

内館　子ども向けの雑誌にも栃錦のお尻がアップで載ってましたね。人気のお尻でしたよ。（笑）

嵐山　でも、栃若の相撲はやっぱりファンの血がたぎりました。

内館　ああいうライバルがいる時代は面白いですよ。

最近だと、大《おお》の里《さと》と伯桜鵬《はくおうほう》が強くなってくれると、いまのスー女《じょ》（相撲ファンの女性）たちが私くらいの年齢になったときに、懐《なつ》かしい話として盛り上がれるでしょう。元祖スー女の私としては、力士と大相撲の魅力が生活の中に入ってほしいんです。

南　盛り上がると思いますよ。誰でも、子ども時代や若い時代の思い出は懐かしいじゃないですか。特に、子どものころに知ったことはしっかり覚えてますから。

じつは下っぱのころ、栃錦が出羽錦《でわにしき》と組んで初っ切り《しょっき》（相撲の禁じ手を面白おかしく紹介する見世物《みせもの》）やってたらしいです。初っ切りをやった相撲取りは大成しないって言われてたらしいんですけど、出羽錦は関脇になったたし、栃錦は横綱になった。例外中の例外ですね。

内館　出羽錦は私が書いたＮＨＫの連続テレビ小説「ひらり」に出演してくれたんです。とぼけたアドリブには噴き出しました。

南　大量の塩を、ブワーッとまく若秩父《わかちちぶ》に対して、出羽錦は指先でつまんだ塩をかくし味にするみたいにチリチリとやるんですよ。

内館　若秩父はもっと偉くなると思いましたけどね。若秩父と熱海富士《あたみふじ》って似てないですか。

南　ああ、笑うと可愛《かわい》いとことかね。

内館　熱海富士には最近のスー女がしっかりついてますから。

個性豊かな力士たち

内館　こうやって話してみると、昔のお相撲さんにはそれぞれに強烈な個性がありましたね。嵐山さんのご本（『大放談！　大相撲打ちあけ話』、北《きた》の富士《ふじ》勝昭《かつあき》氏との共著）にも書かれてましたけど、昔の力士には愛称があるんですよね。

南　「大相撲カルタ」っての持ってたんですけど、さっきの吉葉山は「錦絵《にしきえ》見るよな吉葉山」。たいがいは得意技からつく。

内館　そうです！　吊り出しが得意の「人間起重機《きじゅうき》・明武谷《みょうぶだに》」とか、相手の懐《ふところ》に低い姿勢で潜《もぐ》って出てこない「潜航艇《せんこうてい》・岩風」とか。

嵐山　「褐色《かっしょく》の弾丸・房錦《ふさにしき》」もいた。褐色の肌と速攻で。房錦は関脇までいった？

内館　いきました。お父さんは若松《わかまつ》部屋の行司《ぎょうじ》の九代・式守与太夫《しきもりよだゆう》でしたよね。

南　すごいナ、それは知らなかった。

横綱はあくまで正統な技で戦う　だから愛称もつくし、メンコのキャラクターにもなったんですよ

内館　いまは愛称がつかなくなっている。最後は千代の富士の「ウルフ」でしょうか。

南　益荒雄《ますらお》が「白いウルフ」とも言われてましたね。

内館　そうでした。色白の狼。愛称がつくというのは、取り口に個性があったということですよね。

嵐山　白鵬のエルボーは誰も愛称にしない。プロレス技ですから。

内館　相撲には柔術《じゅうじゅつ》的な要素の技もある。ただ、それを横綱は使っちゃいけないんだ。使うことは恥です。まして、繰り返していた。

嵐山　横綱はあくまで正統な技で戦う。昔はそれぞれの力士に技のパターンがあって、だから愛称もつくし、メンコのキャラクターにもなったんですよ。

変化相撲はアリかナシか

内館　「正統な技」といえば、九月場所（二〇二三年）千秋楽《せんしゅうらく》の優勝決定戦はどう思われましたか？　大関貴景勝《たかけいしょう》が平幕《ひらまく》の熱海富士に変化（立ち合いで、正面から相手とぶつかり合わず、左か右に体を避《よ》けること）して勝った。それで優勝したことには八角《はっかく》理事長をはじめ、否定的な意見が目立ちました。貴景勝は、優勝インタビューでは「絶対に負けられない」という胸の内を語っていましたが。

南　貴景勝、そんなにギリギリなんだぁ、と思っちゃいますよね。うちの妻も変化相撲にはプリプリしてましたね。

内館　私、北《きた》の湖《うみ》さんが理事長のときに聞いたことがあるんです。「変化して勝つことをどう思われますか」って。そしたら理事長は、ニコリともしないで「変化はいけません。でも勝たなければいけない。そのせめぎあいの中でも、変化で勝って褒《ほ》める親方は一人もいない。私も叱《しか》ってきました。真正面から当たらないと絶対に強くなれないんですよ。同時に、番付が上の力士は相手をちゃんと受け止めることが、勝つのと同じくらい大事なことです」と。

嵐山　白鵬が立ち合いでエルボーやはたき込みをすると、場内からため息が聞こえたんですよ。他のスポーツなら、勝ちを優先するべきなんでしょうが、相撲はね。

内館　朝青龍が「勝てば文句《もんく》ねぇだろう」って言ったそうで、それは外国の伝統文化をなめてる。今度の貴景勝のときも、表彰式を見ずに席を立ったお客さんは多かったと聞きました。

やっぱりファンは、
大関や横綱には
それらしい相撲を
見せてほしいと
思いますよね

南　やっぱりファンは、大関や横綱にはそれらしい相撲を見せてほしいと思いますよね。貴景勝は無理してる感じありますよ。いつも呼吸苦しそうだし。

内館　九月場所の優勝インタビューで、貴景勝は若い熱海富士のことをすごく褒めたでしょ。「将来必ず強くなると思います。そのために、自分はなんとか壁になれるように強くなるだけです」とか。私が知る限り、負かした相手について、土俵下インタビューであそこまで褒めた優勝力士は記憶にありません。
それは変化で勝ったことに対して忸怩《じくじ》たる思いがあるからでしょう。貴景勝は本来、ガチンコ相撲ですから。

嵐山 そうそう。ガチンコですよ。

南 ところで、朝青龍とは最終的にどうなったんですか。

内館 二〇〇八年に私が心臓の病気で倒れて、翌年に復帰したときの横綱審議委員の稽古総見《そうけん》で、彼から私に近づいてきて抱きついたんです。「心配しましたよ。大丈夫ですか。元気になってよかったです」って。稽古のあとにスポーツ紙の記者から「和解しましたね」って言われて、私も「おかげさまで」って言っておけばよいものを、照れもあったんでしょうね。「秀吉《ひでよし》のように人たらしね」なんて言ったら、そのまま書かれちゃって（笑）。朝青龍のほうがずっと立派でした。

嵐山 僕は最近、二階席を買って見るんだよ。椅子《いす》だから。

南 桝席《ますせき》は狭すぎて、あそこに大人四人はつらい。

内館 大相撲は、保守する部分と変革する部分を、うまく共存させてきたと思います。ただ、席の問題、四股名の乱れ、公傷《こうしょう》制度等々をどうするか。この後、存分に伺えればと思っております。

最近の四股名は乱れている!?

内館 私が横綱審議委員の時代から、四股名が乱れてると委員会ではよく問題になっていました。協会が何か言うべきではないかと。キラキラネームみたいな四股名も出てきたり、師匠《ししょう》がハンで押したように自分の現役時代の四股名から一字を与える。ですからみんな似ていて、見分けがつかない。

嵐山 協会は何て？

内館 師匠が愛情を持って命名《めいめい》したのだから、協会が出るべきではありませんって。愛情にもほどがある。（笑）

嵐山 私が以前に対談した北の富士勝昭さん（第五二代横綱）は、遠藤《えんどう》の四股名を清《し》水川《みずがわ》にすればいいじゃないか、と。昔、清水川っていたでしょう。

内館 初代は名大関といわれましたよね。遠藤にはよく似合います。でも、「川」は流れるから最近はつけないようですよ。

南 確かに最近「川」がついた四股名を見かけないですね。

内館　一時期は「山」も激減しましたよね。山は聖域であり、力士の動じなさの象徴でしたのに。今、幕では朝乃山《あさのやま》と豪ノ山《ごうのやま》、金峰山《きんぽうざん》くらいですか？（二〇二三年十月現在）

南　今後、もし遠藤も四股名を変えるとなると、師匠の大翔山《だいしょうやま》の「翔」の字がつきそうですね。

嵐山　その遠藤は学生のころから大人気でしたけど、実は努力の力士ですよ。学生のときから地べたに這《は》いつくばって稽古に稽古を重ねてますからね。

内館　あの上手《うま》さ、美しさは並《なみ》じゃありませんよね。力士は異界から遣《つか》わされた客人《マレビト》であり、並の人間とは違うとして、強そうな四股名をつけたそうです。ですから、江戸時代の資料によると、最古の四股名は「大嵐《おおあらし》」や「辻風《つじかぜ》」だったとか。でもほどを超えた愛情よりは、本名のほうがいいです。（笑）

嵐山　本名の横綱輪島《わじま》（第五四代横綱）。

南　今なら元大関正代《しょうだい》、元大関高安《たかやす》、宇良《うら》。

内館　蔵間《くらま》も出島《でじま》もいました。本名のほうがいいと言われないよう、師匠は何でも自分の一字を与えてご満悦は違うと思います。

僕はもう二〇年くらい
初日は溜席《たまりせき》で見ているんです
やっぱりぶつかるときの音や、
土俵を蹴《け》る音なんかに
臨場感がありますね

南　代々、部屋に伝わる四股名もあります。

内館　寺尾《てらお》が十両時代、一場所だけ井筒《いづつ》部屋に伝わる「源氏山《げんじやま》」をつけて、私は喜んだのを覚えています。美しい寺尾によく似合った。

嵐山　二所ノ関《にしょのせき》親方（第七二代横綱稀勢の里）は、新弟子に「大《おお》の里《さと》」とつけた。これは昭和初期に「相撲の神様」とされた「大ノ里」と同じ読み。師匠の期待を感じる。

内館　本人もますますやる気になりますよね。

嵐山 師匠の名前といえば貴景勝だ。師匠（元貴乃花《たかのはな》親方）が尊敬する戦国武将の上杉謙信の後継者・景勝にちなんでつけられたそうだけど、別の見方をすれば、師匠の別れた景子《けいこ》夫人の景と、断絶がいわれる兄貴・勝《まさる》の名前が一字ずつ入ってるわけだ。（笑）

小兵力士の魅力と外国人力士の日本語

内館 今、世代交代や二世、三世力士の出世も楽しみですが、お二人の注目の力士をぜひ。

嵐山 隆《たか》の勝《しょう》が好きなんですよ。最近は下がってきちゃってね。彼は中卒で入門してるんですよ。

南 僕は玉鷲《たまわし》ですかね。二〇二四年で四十歳の最年長です。関脇までいきましたし、優勝二回してます。

内館 お二人とも全然、世代交代の話じゃないですね。（笑）

嵐山　最初の外国人は誰だっけ？

内館　ハワイから来た高見山《たかみやま》ですね。ジェシー。あのころはハワイ勢がいて、その後にモンゴルとか、把瑠都《ばると》のエストニアとかから来るようになりましたね。

嵐山　ブラジルからも来てる。

南　トンガからも来ましたね。

内館　私、修士論文を書くときに当時の北の湖理事長にお願いして、新弟子と一緒に相撲教習所に半年通ったんです。そこにまだざん切り頭の把瑠都がいました。もう一人エストニアから来た新弟子がいたんですが、彼はすぐいなくなった。把瑠都は一人になっても、書道も相撲甚句《じんく》も必死に勉強して、健気《けなげ》でした。授業も実技もすべて日本語で、通訳は一切つきませんのに。

南　それはすごい話ですね。

嵐山　外国人力士はみんな日本語をしっかりと話しますよね。あれはすばらしい。サッカー日本代表の外国人監督なんて、覚える気すらないですもんね。（笑）

内館　小兵《こひょう》力士はいかがですか。炎鵬《えんほう》とか、宇良とか翔猿《とびざる》とか。

嵐山　炎鵬が心配ですけれど……。柔道やボクシングは体重別だけど、相撲は小さい

南　力士が自分の体の倍以上ある力士を投げたりしますからね。
嵐山　全部が横綱相撲じゃないところが面白いですよね。
内館　白鵬は小兵力士を育てるのが上手いんだ。
嵐山　宇良は小結にまで上がりました。小兵なうえに大怪我《けが》をしたのに。
小兵に加え、琴ノ若《ことのわか》、王鵬《おうほう》らの各横綱三世、それに大の里、伯桜鵬のような強豪の大型力士のおかげもあってか、女性ファンが増えた。力士からすれば女性のお客さんが多いのは嬉しいですよ。観客が全部男だったら、奮《ふる》い立たないでしょう。いまでも半分くらいは女性のファンですよね。相撲にとって女性ファンが増えるのはすごく大事ですよ。
内館　私、会社勤め中は有休を取って地方場所に行き、週末は朝早くから国技館で観てたんです。
嵐山　朝からってことは序二段あたりから見るわけだ。
内館　もっと前です。前相撲から。
嵐山　うるさいわけだなァ。（笑）
内館　忘れられないんですが、朝早く、桝席に和服の綺麗な女性がいたんです。まだ

嵐山 観客はほとんどおらず、薄暗い館内に白い花みたいに浮かんでいました。序二段だかの力士が花道を下がっていくときに、彼女が、汗に濡《ぬ》れたその肩をそっと叩《たた》いたんです。見たら紙幣が一枚貼りついていた。

内館 本当の花道だ。（笑）

何て粋《いき》なことをと思いました。女性はすぐに姿を消しました。それでここからは私の脚本家としての想像ですけど、女性はその力士の親方とわけありじゃないかって（笑）。わけあり美女は若い力士に「頑張るのよ。このお小遣《こづか》いで大判焼きでも食べなさい」って言いたくて（笑）。ここは絶対に大判焼きじゃないと、ドラマが成立しません。（笑）

南 大相撲らしい応援ですねえ。肩組んで歌ったり、ウェーブ立てたりとかとはちょっと違う。

把瑠都を応援するようになったわけ

嵐山　僕は友が溜会《たまりかい》（日本相撲協会を後援する会員組織）で一年分の席を買ってあって、もう二〇年くらい初日はその席で見ているんです。やっぱり客席だとぶつかるときの音や、土俵を蹴《け》る音なんかに臨場感がありますね。テレビでは伝わらない。

内館　最前列ですか。

嵐山　そう。東の一の一だから中継には映らないんだけど、一度だけ映ったことがあってね。朝青龍に押し出された把瑠都が落下寸前になったんですよ。だけど、

趣味ってつきつめると、
本当に面白い
相撲を趣味にするって
いいですよね

ぎりぎりのところで把瑠都は土俵ぎわを蹴って、くるっと僕を避《よ》けて花道方向に突進した。あのまま突っ込んできてたら、僕は骨折してたでしょうね。それがテレビ中継に映ったもんだから、みんなから「大丈夫だった？」って言われましたよ。客を怪我させちゃいけないと思って避けたんだろうけど、それから把瑠都を応援するようになりました。

内館 私は横綱審議委員四年目くらいのとき、正面一の四が空いたと言われて。最前列が空くなんて奇跡ですから通しで買って、毎日通いました。そしたらあるときに、千代大海《ちよたいかい》と魁皇《かいおう》がドーンと私の上に落ちてきまして。あのころ、二人合わせて三二〇キロを超えていますよ。最前列って逃げられませんから、肋骨《ろっこつ》を折っちゃったんです。

嵐山 すぐに病院に運ばれた？

内館 まさか折れてるとは思いませんから、その日は帰ったんです。でも、翌日はもっと痛くなって。自宅の隣が病院なのに、行かずに国技館に行きました。

南 どうして？

内館 相撲診療所に行きたくて（笑）。北の湖理事長（当時）が「すぐに診療所に。若

嵐山　い衆をつけます」って。私は若い衆二人に守られて、初めて相撲診療所に行ったんです。夢のようでした……。

内館　客席の前には控えの力士や審判もいますけど、危ないですよね。あれは考えないといけない。

翌日のスポーツ紙には、「千代大海と魁皇が横審直撃で横綱昇進をアピール」なんて書かれて、写真が大きく掲載されたんです。

一年に六場所は多すぎる？

南　安全面で言えば、土俵の広さや高さは検討する余地がありますよね。サイズの話をすると、桝席はもう少し広くしてもらいたい。あれは完全に昔の日本人の体型に合わせていますよね。四人席ですけど、四人座ったら大変ですよ。

嵐山　だからみんな二階席を取るんだ。酒も飲んで騒げるし。

南　イス席だしね。

内館　私は検討すべきこととして、場所数を少なくできないかと。一年に六場所は多すぎます。

横綱審議委員会の委員のときに「理想は四場所ですが、五場所になりませんか」と質問したら、「減らせない」と即答でした。本場所を実施するには、各地域の破格の努力と団結がいる。大阪、名古屋、九州は大変な努力で手にしていると。ならば、年に三場所ある東京を減らせないかと思いもしますが、東京は客入りがいいですし。

嵐山　東京は懸賞金の数が多いし、観客数も多い。減らせないでしょう。

南　九州場所は、空席が目立ってることが多かったですよね。

嵐山　力士は九州場所が一番好きなんですよ。料理が美味《おい》しいし、女性はきれいだし、九州場所後の沖縄での花相撲も楽しみにしています。

内館　だけど、六場所だと力士が怪我を治す時間がないですよね。場所数を減らせないなら、二〇〇三年に廃止された公傷制度を復活させてはどうかと提案しました。

南　力士救済措置《そち》ですね。横綱は休場しても番付が落ちないけど、それ以外の力士が本場所で怪我による休場をすると、番付が下がる。だけど公傷制度で、休場扱いにしないっていう。あれは、どうして廃止されたんですか？

内館　二カ月以上の怪我しか公傷扱いにならないんですね。それで、そこまでひどくない怪我でも力士がメンテナンスのために、医師から二カ月以上の診断書を書いてもらう。そういうケースがいわれていたようです。

嵐山　力士は忙しいよね。本場所のほかに巡業《じゅんぎょう》もありますからね。

内館　公益《こうえき》財団法人ですから、それは必須ですよね。

私は大相撲に現代の価値観をそのまま当てはめるべきとは思いません　現代と違う時間の流れ方をしているので大相撲は今まで残っているんだと思います

相撲界の格差をどう考えるべきか

嵐山 内館さんのご本（潮新書『大相撲の不思議』）で知ったんですが、十両以上は自分たちで電車で移動できるけれど、幕下から下は団体で移動しなければならないんですね。

内館 はい。相撲界のはっきりとした格差ですよね。女人《にょにん》禁制などの考え方も含めて、格差を「差別だ。人権無視だ」といった声がありますが、私は大相撲に現代の価値観をそのまま当てはめるべきとは思いません。

嵐山 たしかに、ジェンダー論やＬＧＢＴＱ論では語り切れないものがありますね。

内館 現代と違う時間の流れ方をしているので、大相撲は今まで残っているんだと思います。

　かつて女性を土俵に上げろと女性たちが叫んだとき、反対派の男性文化人が「それなら女も裸になって相撲を取れ」と言ったんです。私も土俵の女人解放には反対ですが、このレベルの考え方に任せておけないと思いました。それも

嵐山　あって、大学院で大相撲を勉強することにしたんです。

内館　徳俵《とくだわら》（土俵の円の外側四方に置かれた俵）って要は結界《けっかい》ですよね。はい。山岳《さんがく》宗教の影響もいわれています。俵で囲んだ土俵の中は聖域、外は俗域とされています。女性は魔性《ましょう》で、土俵や道場に入ってしまうと男が乱れてしまう。だから聖域に入れてはいけないと。野外興行の時代には、徳俵を外して土俵の雨水《あまみず》を外に流したとか。そういう排水の目的もあったようです。

相撲をつきつめると本当に面白い

嵐山　あの『大相撲の不思議』は面白かった。内館さん、よく勉強してる。

内館　小さいときから相撲の勉強だけは苦にならないんです。今や、老後の趣味。（笑）

南　趣味ってつきつめると、本当に面白い。相撲を趣味にするっていいですよね。

内館　観戦するだけにしないで、「今日は青森出身の力士がすごいから、田酒《でんしゅ》飲もう」とか「新潟の力士、引退か。じゃ、八海山《はっかいさん》あけてねぎらおう」とか、全国の日

南　本酒が楽しめる。（笑）
僕が通ってるスポーツジムに、まだ「西川クン」だった豪ノ山が来てたんです。知り合いになったおばあちゃんが豪ノ山を応援するようになって、みるみる相撲にはまっちゃって。新聞を読んだり、パンフレットを熟読したりして、どんどん知識もついてくる。いまはうちの妻と一緒に「オヤカタ」と呼んでます。

内館　相撲の話で盛り上がって二人とも僕より断然詳《だんぜんくわ》しい。
『大相撲の不思議』は、月刊『潮』で連載していて、毎回、南さんにイラストを描いていただいていました。読者から「絵が楽しみ」という反響が多くて、私も一目見るとゾクッとするんです。どんなに相撲にお詳しいかが迫ってくる絵ばかりでした。

南　ありがとうございます。

内館　最後に、二〇二四年の大相撲に何を期待されますか。

嵐山　僕はやっぱり席を広くしてほしいですね。年寄りには辛い。

南　僕は千代大海の解説が好きなんですよ。キャラクターは違うけど、北の富士さんみたいな名物解説者になるんじゃないですか。

内館　私は、若い力士に自分たちが恵まれた環境にいると知ってもらいたい。ＢＳで十三時からテレビ中継ですよ。そんなプロスポーツ、ありませんよ。他は選手が自分でチケットを手売りすることも珍《めずら》しくない。国技大相撲は全然違う。

嵐山　ＮＨＫの功績は大きいね。

内館　今度、お酒の飲める二階席で、三人でぜひご一緒に。（笑）

（本鼎談は二〇二三年十月三十一日に収録しました）

主な参考文献一覧

金指基、公益財団法人日本相撲協会監修、『相撲大事典』、現代書館、二〇一七年
新田一郎、『相撲の歴史』、講談社、一九九四年
宮本徳蔵、『相撲変幻』、ベースボール・マガジン社、一九九〇年
田中邦文、『雷伝為右衛門旅日記』、銀河書房、一九八三年
武蔵川喜偉、『武蔵川回顧録』、ベースボール・マガジン社、一九七四年
佐藤宣践監修、嘉納行光他、『柔道大事典』、アテネ書房、一九九九年
小坂秀二、『わが回想の双葉山定次』、読売新聞社、一九九一年
栗島狭衣他、『角觝画談 虚実変化』、教学院書房、一九三〇年
『古今大相撲事典』（『大相撲』臨時増刊）、読売新聞社、一九八〇年
和歌森太郎、『相撲の歴史と民俗』、弘文堂、一九八二年
山本健吉、『新俳句歳時記』、光文社、一九八一年
土屋喜敬、『相撲』、法政大学出版局、二〇一七年
中野優子、「女性と仏教 仏教の血穢と母性観」、
　奥田暁子・岡野治子編著、『宗教の中の女性史』、青弓社、二〇一五年

メアリ・ダグラス、塚本利明訳、『汚穢と禁忌』、思潮社、一九九五年
折口信夫、「小栗判官論 の 計画」、
　『折口信夫全集 三』、中央公論社、一九九五年
一階千絵、「江戸時代の見世物女相撲」、『スポーツ人類學研究』、二〇〇二巻四号
高達奈緒美、「血盆経信仰の諸相」、『東シナ海周辺の女性祭祀と女神信仰』、研究発表録、二〇〇二年
『秋田民俗』三一号、秋田民俗学研究会、二〇〇五年
『道教研究』第一冊、日本道教学会、一九六五年
『大相撲中継』、二〇一八年九月号、二〇一九年一月十九日号、毎日新聞社
『大相撲ジャーナル』、二〇一八年十一月号、二〇一九年一月号、二〇二〇年
　一月号、五月号、二〇二一年一月号、アプリスタイル
『月刊武道』、二〇二〇年三月号、公益財団法人日本武道館
『週刊朝日』、二〇二〇年一月三十一日号
『週刊新潮』、二〇一六年六月三十日号
坪田敦緒ホームページ相撲評論家之頁 https://tsubotaa.la.coocan.jp/

内館牧子

うちだて・まきこ

秋田県生まれ。武蔵野美術大学卒業。三菱重工業に入社後、13年半のＯＬ生活を経て、１９８８年に脚本家デビュー。テレビドラマの脚本に「毛利元就」「ひらり」「私の青空」など多数。２０００年から10年まで女性初の横綱審議委員会審議委員を務める。大相撲について学ぶために、03年、東北大学大学院文学研究科で宗教学を専攻。06年に修了。05年より同大学相撲部監督に就任し、現在は総監督。著書に『終わった人』『すぐ死ぬんだから』『老害の人』『小さな神たちの祭り』（小社刊）など多数。

※本書は月刊『潮』２０１６年10月号から２０２２年4月号まで連載された「大相撲の不思議」の一部を再構成の上、加筆・修正し、新書化したものです。五章の鼎談は、月刊『潮』（小社刊）２０２４年1月号、同2月号に掲載されたものを収録しました。本文記載事項は、雑誌連載当時のままとし、本書中は敬称を略しております。

潮新書 059

大相撲の不思議 3

2024年5月5日　初版発行

著　者｜内館牧子
発行者｜南　晋三
発行所｜株式会社潮出版社
〒102-8110
東京都千代田区一番町6　一番町SQUARE
電話　■ 03-3230-0781（編集）
■ 03-3230-0741（営業）
振替口座 ■ 00150-5-61090

印刷・製本｜中央精版印刷株式会社
フォーマットデザイン｜Malpu Design

©Makiko Uchidate 2024, Printed in Japan
ISBN978-4-267-02425-2　C0295

乱丁・落丁本は小社負担にてお取り替えいたします。

本書の全部または一部のコピー、電子データ化等の無断複製は著作権法上の例外を除き、禁じられています。

代行業者等の第三者に依頼して本書の電子的複製を行うことは、個人・家庭内等の使用目的であっても著作権法違反です。

定価はカバーに表示してあります。

潮出版社　好評既刊

大相撲の不思議1・2
内館牧子
〝横審の魔女〟が「貴の乱」「白鵬バンザイ事件」にもの申す！　知れば知るほど深遠な大相撲の世界。宗教的考察からポロリ事件まで、小気味いい〝牧子節〟が炸裂!!

毒唇主義
内館牧子
たっぷりの愛情に、ひとつまみの毒――。辛口美麗に愛情濃厚、人気脚本家が〈歯に衣着せぬ〉本音で綴った52編の痛快エッセイ。一度読み出したら止まらない！

小さな神たちの祭り
内館牧子
東日本大震災の津波によって家族五人を失った青年が、再び前を向いて歩む姿に優しく寄り添った感動のテレビドラマ、脚本家自らが完全書き下ろしで小説化。

きれいの手口
――秋田美人と京美人の「美薬」
内館牧子
読むだけで確実に「美の質」が上がる、極上のメソッド。「秋田美人の雪肌」や「京美人の立ち居ふるまい」を持っていなくても、誰もが十分に「きれい」になれる！

ある夜のダリア
――迷いの日々には、いつも花があった
内館牧子
画・島本美知子
嬉しいときも、かなしいときも、楽しいときも、淋しいときも、「花」は静かに寄りそってくれる――。心に優しくしみわたる、季節の花々に彩られた36の絵物語。